U0921750

国家汉办／孔子学院总部汉语国际推广基地项目

主　编：宁继鸣
副主编：马晓乐　孙雪霄

# 先秦诸子

Philosophers in the Pre-Qin Period

郑连根　著

山东大学出版社

# 序

宁继鸣

经过近两年的编撰修订，《中国文化读本》（以下简称《读本》）系列丛书终于有机会呈现在读者面前了。

《读本》的策划与实施，来源于对当前语言与文化传播的理解。当各国各民族的科技成果、生活方式通过多元化的信息传播渠道以百川汇海之势融入全球化浪潮时，世界也在倾听不同国家、民族的声音，欣赏多元文化的精彩。每一个民族和国家的语言与文化，都可能在全球化的过程中影响他人，变革自我。传统文化与现代文明、东方文化与西方文化在时间和空间的交织中对话，在国家、地区、种族的跨文化传播中交流与重构。正如全球化市场需要中国一样，全球多元文化的交流同样离不开中国，绵亘发展了五千年的中华文化同样也应该在全球化浪潮和社会需求的涌动与召唤下，逐渐走向国际舞台，展现自己的风采。

为了让中华文明的优秀成果为世界了解与共享，我国每年有相当数量的文化普及读物走向世界，这其中不乏脍炙人口的优秀作品，但从总体看，美好的愿望与现实之间仍存在很大距离。从政府到民间，众多专家和学者都在思考这个问题，并在自己的实践中寻求突破的路径。随着科学技术的不断发展，时空被压缩，网络更发达，机遇与挑战并存。应该说，语言、技术和平台本身不是难以逾越的障碍，关键是如何选择一种符合国际语境的中华文化的呈现、诠释和传播的方式。

在民族文化语境下，中华文化知识是“一元”的，但在传播过程中，这些知识被置于“多元”的文化语境，即不同国家、不同民族的文化环境下。要实现知识或信息在“一元”与“多元”之间有效传递，不发生传播的偏向，最大程度地确保不同文化背景、价值观念和思维方式的受众能够较为准确地理解和接受传播内容，需要一个语码转换的过程，需要传播主体在民族文化认知的基础上进行理性的文化选择、生动的文化呈现和恰当的文化诠释。而这种语码转换——文化选择、呈现、诠释和传播的能力，是影响文化传播效果的关键因素，也是我们的普及读物获得域外读者关注、认可所亟待解决的核心命题。

带着一种探索与尝试的心态，我们启动了《读本》的编撰工作。研发通俗易懂的中华文化优秀普及读物是国家汉办、山东大学中华传统文化研究与体验基地的建设任务之一，本套丛书也得到了国家汉办/孔子学院总部的支持。

2010年，在对海内外文化普及读物广泛调研的基础上，我们召开了《读本》编撰研讨会，很快得到国内广大专家、学者的支持与响应。参与编撰的学者多是该选题领域的专家，对选题认识深刻，积淀深厚，他们积极为《读本》编写献计献策。尽管视角不同，方法多样，形式不拘一格，但在目标上却有共识：通过自己的努力，为中国文化的精粹走向世界略尽绵薄之力。

为了实现这一目标，学者们倾注了心血和智慧，他们深厚的学养和严谨的著述态度确保了文稿内容的权威性，而为达到文化传播效果，不惜几易其稿的精神，更令我们敬佩感动。可以说，在他们的大力支持下，《读本》从无到有，迈出了关键的一步。

为了促进中国文化的世界传播，增强跨文化交流的效果，《读本》在以下几个方面作了一些尝试：

首先，关注文化选择能力。文化选择是一种意识，也是一种能力，需要传播主体建立中外文明同时空的理念，自觉地进行中外文化比较，寻找双边文化的共鸣点和契合点，在尊重外国读者文化接受心理的基础上筛选知识，诠释知识，传播知识。敢于舍弃，寻求重点、焦点内容，是必要而重要的。事实证明，平铺直叙和面面俱到的表达方式往往不能奏效。

其次，尝试采用多元文化的呈现形式。《读本》的文化呈现是多元化的。除借助浅易生动的文辞外，《读本》还配以精彩的插图，试图通过图文并茂的呈现形式，借助图片传播的特色增进文化理解。

最后，选取恰当的文化诠释方式。《读本》尽量避免学术语境，行文中贯穿着情节化、故事化的表述，夹叙夹议，可读性强，通过对故事的理解增进对文化元素内涵的认知。在叙述结构与方式方面，尝试“倒向思维”，突出中华文化生活化的比重，从当下起笔，将丰厚的文化元素发展历程作为被诠释内容的“五色土”，挖掘适宜的土壤，来培育文化传播的种子。

坦率地讲，从学术语境转向生活语境，也就是说，由学理转向普及的过程对很多人来讲都不是一个简单的转换过程，很多学者在《读本》的撰写过程中体会到了大家写“小书”的不易。中华文化的跨文化传播是一项崇高的事业，也是一个学术命题和文化现象，更是一种社会责任和民族担当，需要一代代学人和文化教育领域的工作者同心同德、群策群力。

《读本》的编撰是探索中国文化走向世界路径的一次尝试，不免存在不足，然而“九层之台，起于垒土；千里之行，始于足下”，希望能在读者的批评和修正中，不断完善与提升本丛书。

# 绪论

德国著名学者雅斯贝尔斯提出一个著名的“轴心时代”的命题，他认为，公元前800～前200年，是人类文明的“轴心时代”。在这五六百年间，无论是东方还是西方，均出现了伟大的思想哲人。比如，古希腊出现了苏格拉底、柏拉图、亚里士多德，以色列出现了犹太教的先知们，古印度出现了释迦牟尼佛，中国则出现了以孔子、老子为代表的先秦诸子。之所以说是“轴心时代”，是因为人类从那时起突破和超越了原始文化，开始用理智的方法、道德的方式来面对这个世界，产生了哲学和宗教。世界不同区域出现的这批伟大哲人，在相当大的程度上塑造了西方、印度、中国、伊斯兰不同的文化传统。

本部书所要探讨的先秦诸子百家的思想，正是“轴心时代”人类重大文化突破的一个重要组成部分。先秦诸子百家的思想，诞生于春秋战国这一巨大的社会转型时期。此前，中国先人在社会组织形态上已经走过原始社会阶段，并经历了夏、商、西周三个朝代。夏、商、周三个朝代在文化气质上各有不同：“夏人尚忠”，推崇实干；“商人尚鬼”，喜欢祭祀和占卜；“周人尚文”，创建了完备的礼乐制度。可以说，经过夏、商、周三代的发展，中国已经形成了一整套比较成熟的贵族文化，只不过，当时的思想文化一直为统治阶层所垄断，文化的成果还不能普及到民间。

西周结束之后，东周开始了。东周又分为春秋和战国两个阶段。春秋战国之后，中国出现了一个统一的超大帝国——秦帝国，社会形态随之从邦国体系升级到了帝国体系。先秦诸子百家的思想正是在中国社会从邦国体系到帝国体系升级的过程之中出现的。

从东周开始，随着周天子政治权威的丧失，整个社会进入到了一个“礼崩乐坏”的阶段。在权力不断下移的大背景之下，各国诸侯为了称霸，开始重视人才，这使得原本没有资格参与政治的士人和庶民可以发表自己的观点。西周之前“庶人不议”的观念被打破，取而代之的是“处士横议”的活跃文化氛围。

正因为春秋战国时期特别重视人才，士人的地位空前提高，所以士人中的杰出人物才在对人、事及社会的广泛探讨中形成了各种不同的思想学派。不同的思想学派之间，相互论争，就形成了“百家争鸣”的文化生态。

“百家争鸣”是一种文学化的表述方法，极言春秋战国时期思想学术争鸣的繁荣状况。实际上，如果就当时参与争鸣的学者而论，那人数是远远超过百家的。据《汉书·艺文志》的记载，春秋战国时期数得上名字的学者就有189家，他们流传到汉代的著作就有4324篇。若据《隋书·经籍志》及《四库全书总目》等书的记载，诸子百家可能有上千家，人数则更多。若将如此众多的学者归类合并，则他们所阐发

的思想学术流派也有几十家之多。在这几十家中，汉代的学者刘歆又认为有十家特别重要，分别为儒家、道家、墨家、法家、纵横家、阴阳家、名家、杂家、农家、小说家。

关于这十大思想学术流派的源起，刘歆认为它们均与政府各部分的官员有关。在周王室丧失政治权力之后，相应的官员也失去了原有的身份而散落民间。于是，他们只能以私人身份招收学生，通过传授知识来谋生。这个时候，他们就已经不再是“官”了，而是转而变成了“师”。正是在从官吏到教师的身份的转化转换过程中，兴起了诸子百家。

刘歆进而说：“儒家者流，盖出于司徒之官。”“道家者流，盖出于史官。”“阴阳家者流，盖出于羲和之官。”“法家者流，盖出于理官。”“名家者流，盖出于礼官。”“墨家者流，盖出于清庙之守。”“纵横家者流，盖出于行人之官。”“杂家者流，盖出于议官。”“农家者流，盖出于农稷之官。”“小说家者流，盖出于稗官。”① 意思是，儒家这个流派出自司徒，道家出自史官，阴阳家出自主管历法的“羲和之官”，法家出自主管司法的“理官”，名家出自掌管礼仪的“礼官”，墨家出自掌管宗庙的官员，纵横家出自古代的外交官，杂家出自古代的

① 冉昭德、陈直主编：《汉书选·艺文志序》，中华书局2009年版，第75页。

“议官”，农家出自主管农业的官员，小说家出自古代专门给天子搜集街谈巷议、道听途说这类信息的小官吏。

对于刘歆的说法，冯友兰先生提出了不同的看法。他认为，诸子百家更确切的划分应该是传授文化知识的教师专长。也就是说，在官学向私学转化的过程中，有的老师以讲授经书、礼乐见长，这些人是文士；有的老师以占卜、相术见长，这些人就是方士；有的老师以传授武艺见长，这些人就是游侠之士；有些老师以善辩见长，这些人就是辩士……按照这种说法，诸子百家则不妨看作是在社会转型时期不同阶层、不同身份者的文化代言人。如此，我们则可概括如下：儒家思想是文士的哲学，道家思想是隐士的哲学，墨家思想是游侠的哲学，法家思想是官吏的哲学，纵横家是谋士的哲学，阴阳家的思想是方士的哲学，名家的思想是辩士的哲学，农家思想是农民的哲学，杂家思想是杂取各家者的大杂烩，小说家则是讲故事人的哲学。在这十家之中，对历史影响最深远的则是儒、道、墨、法四家的思想学说，本书重点要介绍的也是这四家。



提及“百家争鸣”，人们很容易关注各家各派之间的思想分歧，可实际上，若以一种整体的眼光来看，那么我们也可以说，先秦诸子百家合在一起，恰好完成了“和天人”的巨大文化命题。为什么要这么说呢？原因就在于，先秦诸子之前，人们对神秘莫测的上天只有敬

百家争鸣

畏的份儿、崇拜的份儿，但是从先秦诸子开始，中国思想文化的发展转变了方向，先秦诸子将关注的目光从“天道”转向了“人事”，使中国的文化从神学（也就是祭祀文化和巫术文化）转向了哲学。哲学代表的是一种理性思考，是一种理性思维的觉醒。从这个意义上讲，正因为先秦诸子百家提出了各自的思想学说，所以才使得中国的文化从整体上完成了从巫术文化向理性觉醒的转变。

孔子就是典型的调和天道和人事关系的典型代表。他的经典表述就是：“不知命，无以为君子也。”①后人根据孔子关于天命与人事

① 杨伯峻译注：《论语译注·尧曰篇第二十》，中华书局1980年版，第211页。

之间的论述，又总结出了“尽人事以听天命”的说法。什么叫“尽人事以听天命”？就是把人的各种潜能都充分地发挥出来。尽了人事之后，最后无论得到什么结果都无怨无悔了，因为你已经尽了最大努力。“尽人事以听天命”，强调的是“尽人事”，因为只有尽了人事，所得之命才是天命。这样一来，就改变了巫术文化中人的被动状态，在巫术文化中人是被动的，在上天面前是无可奈何的。经过以孔子为代表的先秦诸子的一番解释，在“人事”和“天道”之间，人变成了积极的主动的因素，这等于说，人的命运并不是由上天控制的，而是在相当大的程度上掌握在自己的手里。你不断“自强不息”，不断“厚德载物”，你的命运就会越来越好。这就强调了人的主观能动性，也激励着一代又一代的中国人奋发向上，通过努力改变命运。

可以说，先秦诸子百家思想，既是春秋战国期间社会大转型的文化产物，同时它也为后来帝国制度的创建做好了文化上的顶层设计。秦始皇统一六国之后，用法家思想作为大帝国的意识形态，一方面对治下的民众横征暴敛，一方面对外发动扩张战争。这样的做法导致秦帝国“二世而亡”。刘邦建立西汉王朝之后，吸取了秦朝灭亡的教训，知道“马上得天下，不能马上治之”，遂在汉初用道家的“黄老之术”治国，减少政府对百姓的干扰，“与民休息”。这项政策延续了六十多年后，有了历史上著名的“文景之治”。富强起来的汉帝国

当然不甘于一直“无为”，于是汉帝国在汉武帝统治时期“罢黜百家，独尊儒术”，将经过汉儒改造过的儒家思想作为帝国新的意识形态。汉武帝一番穷兵黩武之后，帝国国库空虚，民不聊生，国家处在崩溃的边缘。汉武帝的后继者不得不重新调整政策，再次“与民休息”。汉宣帝统治时，这位底层经验比较丰富的帝王终于认识到，任何单一的意识形态都不足以用来治理如此复杂、庞大的帝国，于是他提出了一种“王霸杂用”的治国理念。所谓“王道”主要指的就是对百姓轻徭薄赋，尽可能实行儒家所倡导的“仁政”；所谓“霸道”则是大力整肃吏治，严格对官员的考察、任用和管理。如此一来，汉宣帝一朝就形成了“宽以待民，严以律官”的帝国治理模式。

从上面的简单梳理可以看出，在秦、汉两朝，大帝国的意识形态，从秦朝的法家到汉初的道家，再到汉武帝时的儒家，最后到汉宣帝时期的“王霸杂用”理念，不同的意识形态之所以要一次次地切换，并非完全出自不同帝王的个人喜好，实乃是大帝国形势发展之所迫。随着帝国的发展及疆域的不断拓展，其治理任务日益复杂。此种情形之下，任何单一思想文化下的治理模式都不足以承担如此复杂的治理使命。大帝国的治理实践，需要多元的思想资源来作文化支撑，而先秦诸子百家的思想又恰恰为华夏民族提供了足够多元、足够博大精深的文化资源。二者相互配合，大帝国的制度才能最终成熟，并得以长久存在。

可以说，先秦诸子百家的思想，既是中国人对此前历史文化的一次全面总结，又深深地影响了后世中国政治、经济、文化及社会生活的方方面面。它既是中国人在乱世里的一次思想大争鸣，又是中国人在治平之世的一次次文化回响。它既是中国思想文化史上的黄金时代，又是中国文化大厦的基座和梁柱。

第一章

# 儒家：仁义之心

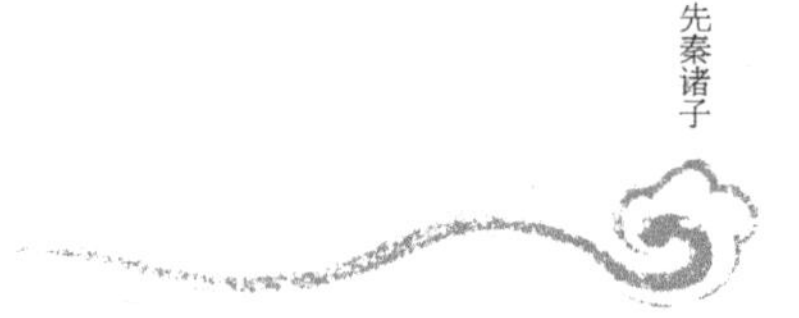

儒家是诸子百家中最重要的一个学派，这不仅表现在儒家是春秋战国时期人数最多、影响最大，而且更表现为汉武帝之后，儒家思想一直是中国古代社会的主流意识形态。这种情况直到1911年帝国制度彻底解体才宣告结束。儒家思想内涵丰富，在政治上提倡“德治”，要求统治者要加强道德修养，要对民众有仁爱之心；在人生观上主张“修身，齐家，治国，平天下”①；在人际关系上提倡实现“君君，臣臣，父父，子子”②的各安其位、各司其职的和谐秩序；在人生修养上，主张“五常”（仁、义、礼、智、信）和“四维”（礼、义、廉、耻）等理念。

儒家最核心的思想便是“仁义”，“仁义”是儒家一切学说的出发点和最终归宿。

“仁”指的是爱人之心，具体地说便是“忠恕之道”。“忠”指的是“己欲立而立人，己欲达而达人”③，即自己过上了好日子，也乐于帮助别人过上好日子；自己能取得成就，也乐于帮助别人取得成就；自己活得达观快乐，也乐于帮助别人活得同样达观快乐。“恕”

① 胡平生、张萌译注：《礼记·大学第四十二》，中华书局2018年版，第1162页。

② 杨伯峻译注：《论语译注·颜渊篇第十二》，第128页。

③ 杨伯峻译注：《论语译注·雍也篇第六》，第65页。

指的是“己所不欲，勿施于人”[1]，即自己不愿意接受的坏事情，也不要强加到别人身上。

“义”指的是适宜，如果一个人的言行举止十分得当，合乎“仁”的要求，那么他的作为也就是适宜的，是符合道义的。

为了让“义”有章可依，能落实到人与人交往的切实处，儒家就用“礼”来作为人们言行的种种规范。

儒家注重教育，认为人应该通过不断地学习来增加知识，增长智慧，这是人开发自我潜能的必然途径，这便是儒家提倡的“智”。

儒家还认为，人与人交往，仅仅遵守各种礼仪还不够，还要在内心之中有诚信的观念，这便是“信”，即与人交往要以诚相待，不可彼此欺诈。

儒家从人性最基础的“忠恕之道”中生发出来的“五常”（仁、义、礼、智、信），不仅在中国深入人心，而且对东亚地区的其他国家也有深刻的影响。

先秦时期儒家最重要的三个人物分别是孔子、孟子和荀子。孔子是儒家的宗师；孟子代表的是儒家的理想主义流派，他强调个人自由，重视超越性的道德价值，提出“性善论”；荀子代表的是儒家的现实

① 杨伯峻译注：《论语译注·卫灵公篇第十五》，第166页。

主义流派，他强调社会对个人的控制，重视社会治理，提出了“性恶论”。这三位大师合在一起，构成了先秦儒家全部的文化面相。

## 一、至圣孔子

### (一) 孔子生平

只要是中国人，一般都知道孔子；只要是中国人，一般都会背几句《论语》。因为《论语》中有很多智慧。

那么，孔子到底是一个怎么样的人呢？

孔子于公元前551年出生在鲁国陬邑（今山东曲阜市南）。他父亲叫叔梁纥，是一位武士。据说，孔子出生在尼山的一个山洞中，这一点跟耶稣的情形有点像。耶稣是木匠之子，降生在伯利恒的一个马槽里。孔子出生时头顶凹陷，像山丘，于是就以“丘”为名。古代排行以伯、仲、叔、季为序，孔丘排老二，便取字“仲尼”。

孔子像

孔子3岁的时候，父亲去世了。孔子和他的母亲颜征在相依为命，日子过得越来越艰难。母亲为了养

活孔子，把家搬到了鲁国的首都曲阜，住在娘家阙里，过着清贫的平民生活。

虽然过的是平民生活，但孔子却从小就对贵族的礼仪心向往之。他常取一些小盆、小碗当祭器，学习贵族祭祀时的礼节动作。长到15岁的时候，孔子便立下志向，一定要认真学习文化，成为一个优秀的“士人”（那个年代有道德、有文化、有追求的人）。

经过勤奋学习，孔子几年之间就崭露头角，获得了很多人的赞誉。19岁的时候，孔子的儿子孔鲤出生。鲁昭公特意送来一条鲤鱼，祝贺孔子喜得贵子。鲁昭公是国君，你想想，国家领导人为一个还不

昭公赐鲤

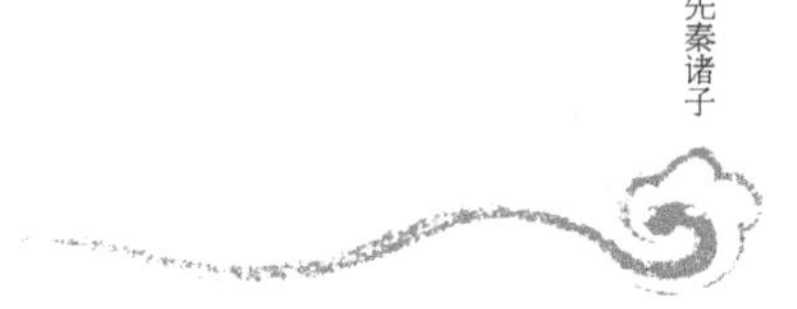

到20岁的小青年贺喜，这说明什么？说明孔子当时在鲁国很有名气，已经受到国君的赏识了。

后来，鲁昭公又接受孔子弟子南宫敬叔的请求，资助孔子“适周问礼”，就是去周朝继续研究礼仪。借着这次游学的机会，孔子拜访了在周朝担任图书馆馆长的老子。两位圣贤见面，彼此惺惺相惜。孔子自周返鲁，弟子越来越多，名气也愈来愈大，他所创办的“私学”遂逐渐成为当时最著名的“综合性大学”。

讲到“私学”，就得作一点解释。在夏、商、周三代，整个中国的文化教育都掌控在官府，即“学在官府”。所谓“学在官府”，说好听一点是文化教育事业完全由官方负责，说不好听的话就是文化教育完全被统治阶级所垄断。那个时候，父亲是巫师，就把当巫师所需要的技能教给儿子；父亲是史官，儿子日后也要子承父业，继续当史官；父亲是乐师，儿子所受的教育也是奔着日后当乐师去的；若父亲是当官的，那儿子也跟着当官。一个人学什么及将来干什么，几乎完全由身份决定。

可是，这种情况到了春秋时代就改变了。随着周平王东迁，旧的社会秩序瓦解了，维持“官学”所必需的稳定的社会秩序和官方权威都已经丧失，政府已经没能力继续维持“官学”。“官学”破产了，一大批昔日在官方任职的文化人士随之“下岗”。这批文化人“下岗”后只好到民间去寻找“再就业”的机会。如此一来，原本为贵族阶层所垄断和独享的学术文化活动也逐渐普及到了民间。于是，民间的“私学”兴起。尤其是到了春秋末期。鲁国乐师师襄子、郑国学者邓析等人都曾兴办私学，收徒授业。平民子弟通过上这些文化大师创办的“培训班”，也学会了不少文化知识和技能。学习改变命运，相当多的人凭着努力学习，掌握了过硬的本领，一跃从平民变成了士人。平民子弟可以凭借着自己的努力上升为士人甚至是国家官员，这有利于削除社会的板结化结构，对提升社会的活力大有裨益。后来，正是由于出现了大量的士人阶层，而且他们能够自由流动，所以才出现了中国思想文化史上的“百家争鸣”的现象。

孔子兴办私学，授徒讲学

在春秋末期的“私学”热中，孔子的表现尤为突出，孔门成了培养人才最多、对后世影响最大的一个教育学术团队。

孔子办学，教学内容很广泛，有著名的“礼、乐、射、御、书、数”六艺。这六种本事既有人文学科的道德养成和艺术修养，如礼、乐；亦有当时贵族日常生活所需要的基本技能，如射、御、书、数等。礼，是指周礼，是周代贵族在不同场合所应展现出的威仪及各种日常行为规范。学礼是为了养成高贵的品格和气质。乐，不光包括音乐，还涵盖文学、舞蹈等各种艺术。学乐是为了提高一个人的文化品味和艺术才华。射，指射箭。这是当时贵族阶层的时尚运动，就跟今天的企业高管爱玩高尔夫球差不多。只不过，当时的人们学射箭还带有军事训练的目的，平日练习算强身健体，战争发生时就可上战场射杀敌人。御，是指驾车技术。那时候的学生跟孔子学御，就相当于现在的人去驾校学车考驾照。书，是指书写，涵盖识字、阅读、文秘等内容。数，是指基本的数学、物理知识，包括怎么记账、怎么丈量土地等。可以说，孔子的私学就是春秋末期最有名的综合性大学，学生跟着孔子学好了，根本不用为“就业”问题发愁。原因很简单，有过硬的本领在身，任何时候都会成为就业市场上的宠儿。

春秋时代，虽然讲门第、讲出身，但真正有本事的人还是会受到重视的。孔子的学生在当时就很受欢迎，各诸侯国的政府部门都愿意聘用孔门弟子。比如，孔子的弟子曾西华很有外交才华，鲁国政府就委任他为大使，出使齐国；子贡能言善辩，亦曾出使各国，对春秋末期的政治格局产生了重要影响；子路、冉有更是成了鲁国执政官季康子的家宰，他们帮助季康子处理鲁国政事，相当于国务院总理的特别助理。其余各地方想聘请孔子的学生去做长官的情形就更多了。比如，子游就做过武城宰。武城是今天的山东费县，武城宰就相当于费县的县长。季康子还想聘请闵子骞做费宰，却遭到了闵子骞的坚决拒绝。请去做高官都不干，由此可见孔子高徒的受欢迎程度及其高贵气节。闵子骞不做费宰，子路就介绍自己的同门师弟子羔去做。孔子为此批评子路，说他

孔子在鲁国主政，与齐国在夹谷会盟

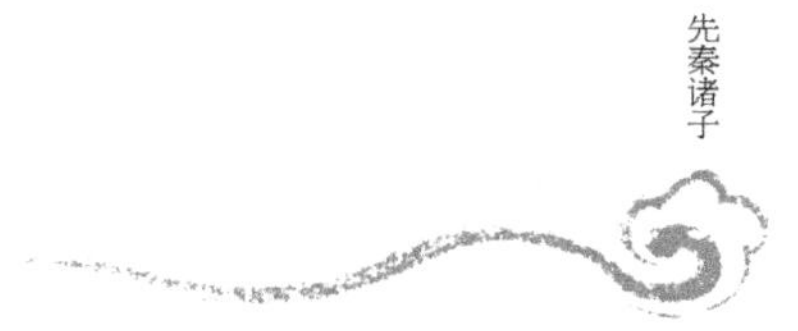

"贼夫人之子"[①]。意思是：你这是害子羔，耽误他的学业。

我们回过头来继续讲孔子的人生。孔子也曾做官，他在50岁的时候做鲁国的中都宰，一年后提拔为司空，很快由司空升为司寇；四年后，孔子"代行相事"，全面主持鲁国的行政工作。孔子不愧为圣贤，他主政三个月，鲁国大治：商人不再造假售假，男女老少都好学知礼，甚至出现了路不拾遗的极佳治安局面。

孔子治理鲁国，效果显著。此事传到齐国之后，齐的国君齐景公非常害怕：鲁国强大了，作为邻国的齐国不是有被吞并的危险吗？为了对付鲁国，齐国决定用美女、良马瓦解鲁国君臣的斗志。他们赠给鲁定公"女子好者八十人""文马三十驷"[②]。鲁定公和鲁国的执政官季桓子，在关键时刻经受不住女色和金钱的诱惑。季桓子"受齐女乐，三日不听政"[③]，举行祭祀之后又没按照规定送给高级官员祭肉。孔子没收到应得的祭肉，就知道鲁定公不想再恢复周礼，鲁国也无法再用礼乐精神来治理了。于是，孔子毅然辞职，离开鲁国，从此开始周游列国。

在周游列国的过程中，孔子每到一个国家都向国君推销"仁政"

① 杨伯峻译注：《论语译注·先进篇第十一》，第118页。

②（汉）司马迁：《史记·孔子世家》卷四七，中华书局1959年版，第1918页。

③（汉）司马迁：《史记·孔子世家》卷四七，第1918页。

思想。比如告诉他们要“为政以德”[①]，要用道德感召教化百姓，而不是用严刑峻法惩治百姓；要自己带头遵纪守法，戒奢以俭，而不是对百姓横征暴敛以满足自己的私欲。可惜，各国国君均不肯在自己的国家里实行“仁政”。孔子带领弟子周游列国14年，虽然没有找到一块“仁政”思想的试验田，但他们在这个过程中宣传了儒家思想，扩大了孔子团队的影响力。另外，在周游列国期间，孔子的“私学”也扩展为一所流动性的国际大学，他的弟子也不在局限于鲁国，而是遍布周游过的各个国家，孔子的招生范围和招生规模也随之扩大了。

孔子收徒弟，遵循“有教无类”[②]的原则，即不分贫富贵贱，只要你愿意学，他就愿意教。孔子还善于根据每个学生的不同特点来加以教育，谓之“因材施教”。正因如此，孔门弟子涌现出很多优秀人才。司马迁在《史记》中记载，孔子有“弟子盖三千焉，身通六艺者七十有二人”[③]。孔门弟子有人从政，当上了高官；有人经商，发了大财；有人治学，成了名闻列国的大学者乃至君王师。正因为孔子培养出了众多才华横溢的弟子，所以他才当之无愧地成为中国历史上最伟大的教育家。



① 杨伯峻译注：《论语译注·为政篇第二》，第11页。

② 杨伯峻译注：《论语译注·卫灵公篇第十五》，第170页。

③（汉）司马迁：《史记·孔子世家》卷四七，第1938页。

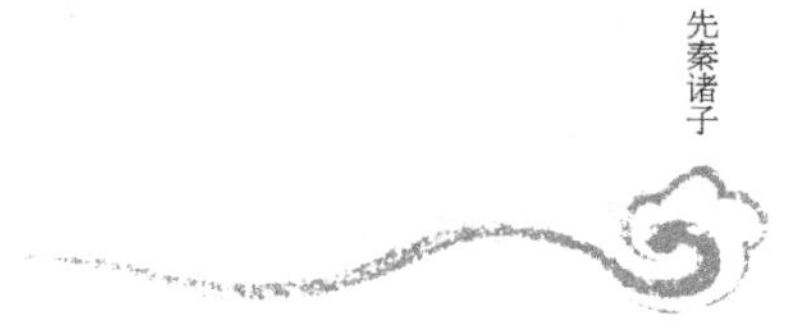

孔子在69岁时被鲁国召回，做了“国老”，相当于国家特聘的国事顾问。此时，孔子一边在杏坛为弟子讲学，一边删订群经，做文化整理和研究工作。孔子是个“音乐发烧友”，一生喜欢音乐，喜欢诗歌。他搜集各国的民歌民谣，加以筛选删订，编成了《诗经》，此书成为我国最早的一部诗歌总集。孔子晚年喜欢读《易经》，反复翻阅，以致把系竹简的牛皮绳翻断了好几次。孔子还是当时最有名的历史学家，他晚年写作了一部名为《春秋》的史书，记载了上至鲁隐公元年（公元前722年），下至鲁哀公十四年（公元前481年），共242年的重要事件。孔子在这部著作中使用了一种寓褒贬于记述的写作方法，称为“春秋笔法”。借助于“春秋笔法”，孔子通过写历史来确立人间是非善恶的准则，即“别嫌疑，明是非，定犹豫，善善恶恶，贤贤贱不肖”。正因如此，才有“孔子成《春秋》而乱臣贼子惧”[①]之说。

（二）孔子的主要思想

1.政治思想

孔子政治思想的核心是德治，具体地说就是要在政治治理的过程中很好地贯彻“仁”与“礼”。

孔子生活的时代，周王室已经名存实亡了。在诸侯争霸、列国

① 方勇译注：《孟子·滕文公下》，中华书局2010年版，第121页。

兼并的过程中，整个社会处在一种失序的状态之中，子弑父、臣弑君这类“以下犯上”的恶性事件时有发生，权臣篡权、国人暴动、异族入侵等事更是屡见不鲜，西周时期的礼乐制度受到了严重的破坏，这也就是人们常说的“礼崩乐坏”的状况。面对道德伦理和社会秩序的全面崩坏，孔子提倡恢复礼乐制度，强调要“复礼”“从周”，即力图恢复西周时期的礼乐制度，重整社会秩序。为了达到这一目的，孔子在治国的方略上就主张“为政以德”，用道德和礼教来治理国家，反对统治者用横征暴敛和严刑峻法的方式来压榨平民百姓。孔子说：“道之以政，齐之以刑，民免而无耻；道之以德，齐之以礼，有耻且格。”[①]意思是：如果用政令来管理民众，用刑法来惩罚民众，那么民众就只求免于受罚，而没有羞耻心；如果用道德来感化、教育民众，用礼制来规范民众，那么民众不但有羞耻心，而且还能真心归服。因此，孔

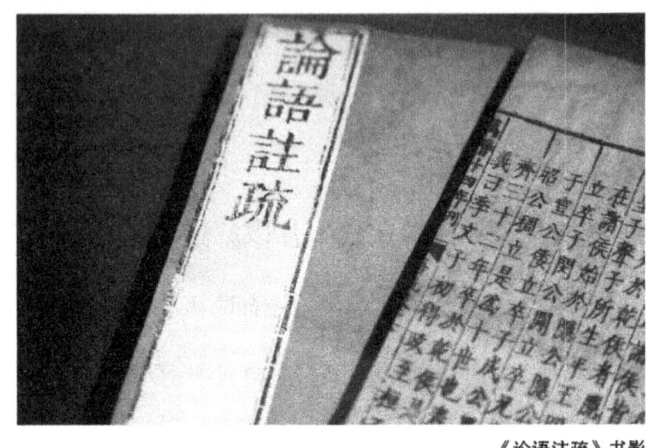

《论语注疏》书影

① 杨伯峻译注：《论语译注·为政篇第二》，第12页。

子主张统治者要实行“德政”，要让人心悦诚服。同时，孔子还提倡尊王忠君，希望诸侯、卿大夫及百姓继续维护周天子的政治权威。如此一来，大家各安其位、各守其分、各尽其职，社会秩序也就回到了“君君，臣臣，父父，子子”的理想状态。

孔子政治上的“德治”理念，意在调和社会不同阶层之间的矛盾，把原本只存在于贵族阶层的仁德和礼乐文化推行到整个社会，这实际上已打破了传统的“礼不下庶人”的信条，突破了贵族和庶民之间的界限。

孔子关于“仁”的学说，体现了人道精神；孔子关于“礼”的学说，则体现了礼制精神，即现代意义上的秩序和制度。这二者是互为表里、相辅相成的，仁是礼的实质内容，礼是仁的表现形式。失去了仁，礼便徒具形式；失去了礼，仁也缺少了制度保障。孔子说：“能以礼让为国乎？何有？不能以礼让为国，如礼何？”[①]意思是，如果能够用礼让来治理国家，那么治国又有什么困难呢？如果不能用礼让来治理国家，那么礼仪又有什么作用呢？孔子还说：“礼云礼云，玉帛云乎哉？乐云乐云，钟鼓云乎哉？”[②]这说的是：人们所说的礼，



① 杨伯峻译注：《论语译注·里仁篇第四》，第38页。

② 杨伯峻译注：《论语译注·阳货篇第十七》，第185页。

难道仅仅是指送玉帛之类的礼物吗？人们所说的乐，难道仅仅是指学会敲钟打鼓吗？在孔子看来，礼的本质精神是“敬”，乐的本质精神是“和”，即礼所要追求的是一种人与人之间相互尊重、相互礼让的和谐秩序，而学习音乐所要追求的则是协和五音，使之互相配合，共同完成一首曲目。从这个意义上讲，孔子所说的“礼”，其实已经是一种经过改造了的礼，他将原本属于行为规范的周礼注入了“仁”的精神。如此一来，礼本身除了仪式之外，也有了“敬”的精神内核。这样，“礼”也就更能从思想深处激起人们互相尊敬、互相友爱的道德意识。

2.经济思想

孔子经济思想的主要内容便是重义轻利、“见得思义”的义利观与“富民”思想。“义”是一种社会道德规范，“利”指人们对物质利益的谋求。在“义”“利”两者的关系上，孔子把“义”摆在首要地位。所谓“见得思义”，就是要求人们在物质利益面前，首先应该考虑怎样符合道义。“义然后取”，即君子只能获取符合道义的财物。孔子认为，通过对待“义”与“利”的态度，可以区别“君子”与“小人”。有道德的“君子”，容易懂得“义”的重要性；而缺乏道德修养的“小人”，则只知道“利”而不知道“义”。这就是孔子在《论语·里仁》中说的“君子喻于义，小人喻

于利”[①]。孔子还说：“不义而富且贵，于我如浮云。”[②]他反对用不义的方法取得富贵。孔子还说：“富与贵，是人之所欲也；不以其道得之，不处也。贫与贱，是人之所恶也；不以其道得之，不去也。君子去仁，恶乎成名？君子无终食之间违仁，造次必于是，颠沛必于是。”[③]意思是，富有和显贵是人们所向往的，可是，如果是不用正当的方法获得它们，那君子就宁愿不要。贫困和低贱是人们所厌恶的，可是，如果要通过不正当的方法才能摆脱它们，那君子宁肯不摆脱。君子离开了仁德，怎样还能成就自己的名声呢？君子不会在哪怕是一顿饭那么短的时间里远离仁德，紧急的时候要遵循仁德，困顿的时候也要遵循仁德。

在国家治理层面，孔子的经济思想则是“富民”。孔子认为，民众富足是国家富足的根本。因此，他主张轻徭薄赋，反对统治者对民众课以重税，也反对统治者在农忙时节给农民摊派过重的徭役。为此，孔子主张“因民之利而利之”，即统治者要多做对民众有利的事情。同时，孔子还要求为政者不要过于奢侈，要注意节俭，要“节用而爱人”。这实际上是孔子“仁”的思想在经济领域里的具体应用。

① 杨伯峻译注：《论语译注·里仁篇第四》，第39页。

② 杨伯峻译注：《论语译注·述而篇第七》，第71页。

③ 杨伯峻译注：《论语译注·里仁篇第四》，第36页。

孔子的经济思想也有相对保守的一面。比如，鲁宣公十五年（公元前594年）实行“初税亩”，从法律上承认了私田的合法地位，这是春秋时代的一项重大的经济改革。但是，据《左传》记载，孔子批评鲁国的初税亩“非礼也”，认为这种改革不合礼制。其实，任何制度的创新，都会突破原有的限制。只强调守礼，而不鼓励制度创新，这在一个大转型的时代是不可取的。

颜回问仁

3.教育思想

“性相近也，习相远也。”① 这是孔子对人的先天秉赋与后天教育之间的关系作出的极其精准的概括。意即人与人之间的天赋素质非常接近，个性差异主要是后天教育与社会环境的不同造成的。基于这样的认知，孔子主张人人都可以受教育，人人都应该受教育。他创办



① 杨伯峻译注：《论语译注·阳货篇第十七》，第181页。

“私学”，提倡“有教无类”[①]，即在教育面前人人平等，不分贫富贵贱地广招弟子，打破了贵族阶层对教育的垄断，把受教育的范围扩大到平民。这极大地顺应了当时社会发展的趋势，推动了中国教育和文化事业的发展。

他当时教学的主要目的是培养从政的君子，而君子必须具有较高的道德品质修养，所以孔子将道德教育放在首要地位。孔门优秀弟子分为“德行”“言语”“政事”“文学”四科，其中，“德行”排在第一位。孔子道德教育的主要内容是“礼”和“仁”。“礼”是“仁”的形式，“仁”是“礼”的内容；有了“仁”的精神，“礼”才真正充实。在道德修养方面，他提出了树立远大志向、“克己复礼”、践履躬行、内心自讼、勇于改过等方法。

“学而知之”是孔子教学思想的主导思想。在主张不耻下问、虚心好学的同时，孔子还强调学习与思考相结合。他说：“学而不思则罔，思而不学则殆。”[②]孔子还主张“学以致用”，要学生将学到的知识运用于社会实践。孔子最早使用启发式教学，所谓“不愤不启，不悱不发”[③]，即教师应该在学生认真思考，并在他的认知达到一定

① 杨伯峻译注：《论语译注·卫灵公篇第十五》，第170页。

② 杨伯峻译注：《论语译注·为政篇第二》，第18页。

③ 杨伯峻译注：《论语译注·述而篇第七》，第68页。

程度时恰到好处地进行启发和开导。

孔子在教学实践中还特别善于因材施教，根据不同学生的不同特点，采取不同的教育方法。在《论语》中，我们可以经常看到，不同的弟子问同样的问题，孔子会针对询问者的不同情况作出不同的回答。比如，颜回“问仁”，孔子的回答是：“克己复礼为仁。一日克己复礼，天下归仁焉。为仁由己，而由人乎哉？”①意思是：有一次孔子的弟子颜回请教如何才能达到仁的境界，孔子回答说：“努力约束自己，使自己的言行符合礼的要求，这就是仁。一旦做到了这一点，天下人就都会称许你是个仁人。实践仁德，全凭自己，怎么能凭别人呢？”颜回接着问：“请问其目。”孔子回答：“非礼勿视，非礼勿听，非礼勿言，非礼勿动。”②意思是：颜回请老师讲一下行动的纲领。孔子说：“不合礼的事情不看，不合礼的话不听，不合礼的话不说，不合礼的事情不做。”因为颜回的道德水准最高，相应地，孔子对他的要求也就更高。

子贡也问同样的问题，孔子回答：“工欲善其事，必先利其器。居是邦也，事其大夫之贤者，友其士之仁者。”③意思是，工匠要做



---

① 杨伯峻译注：《论语译注・颜渊篇第十二》，第123页。

② 杨伯峻译注：《论语译注・颜渊篇第十二》，第123页。

③ 杨伯峻译注：《论语译注・卫灵公篇第十五》，第163页。

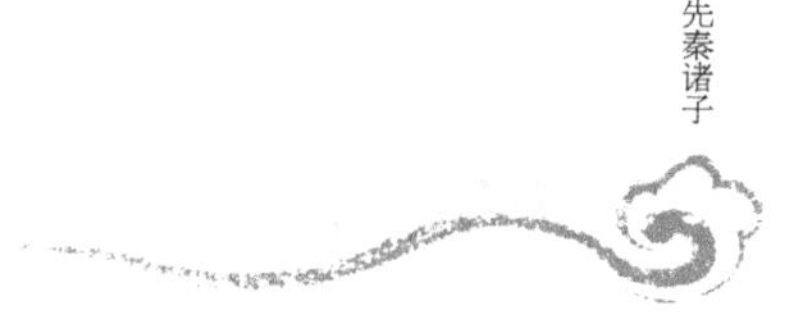

好工作，必须先把相应的工具准备好。你到了一个国家，要侍奉大夫中的贤人，与士人中的仁人交朋友。子贡是儒商，能赚钱，有外交才华，经常在不同的国家活动。针对他的这些特点，孔子就教诲他到一个国家去，跟那个国家的贤大夫学习，与有仁德的士人做朋友。

等冉雍"问仁"时，孔子的回答又变了："出门如见大宾，使民如承大祭。己所不欲，勿施于人。在邦无怨，在家无怨。"[①]意思是：你出门工作的时候就好像去接待贵宾，役使百姓要慎重得像去参加大型的祭祀活动。你自己不喜欢的事情，就不要强加在别人身上。在工作的时候不要怨天尤人，在家侍奉父母、友爱兄弟也不要怨天尤人。冉雍也是孔子一流的学生，所以孔子也把最核心的东西直接告诉了他。

最有趣的是司马牛"问仁"，孔子的回答竟然是："仁者，其言也讱。"[②]"讱"就是"有话慢慢说，不要急躁"的意思，因为司马牛这个人"多言而躁"，所以孔子才教他"讱"，不要太急躁。司马牛可能也被孔子的这个回答弄糊涂了，就又问："其言也讱，斯谓之仁已乎？"意思是：说话慢一点就算仁了吗？孔子回答："为之难，言之得无讱乎？"[③]事情做起来不容易，说话的时候慢一点，考虑到



① 杨伯峻译注：《论语译注·颜渊篇第十二》，第123页。

② 杨伯峻译注：《论语译注·颜渊篇第十二》，第124页。

③ 杨伯峻译注：《论语译注·颜渊篇第十二》，第124页。

要言行一致不是很应该的吗？你看，孔子教司马牛说话慢点，其核心不在说话速度之快慢，而在于“出言谨慎”，说话之前就要先考虑到日后的兑现。

子张“问仁”，孔子告诉他要做到“恭、宽、信、敏、惠”五条，并说：“恭则不侮，宽则得众，信则人任焉，敏则有功，惠则足以使人。”[①] 意思是：恭敬就不致遭受侮辱，宽厚就会得到大众的拥护，诚实就会得到别人的信任，勤敏就会工作效率高，慈惠就能更好地得到别人的帮助。子张是孔子的优秀学生，有艺术气质，“宽冲博接，从容自务”，但不拘小节，忽视“礼”，言行有时不合规矩，门人因此对其“不敬”。针对子张的这一特点，孔子将“仁”分解成“谦恭、宽厚、诚信，勤敏、惠人”五种品格，让子张对照着去做，针对性极强。

孔子热爱教育事业，毕生从事教育活动。“学而不厌，诲人不倦。”[②]孔子不仅言教，更重身教，以自己的模范行为感化学生。他爱护学生，学生也很尊敬他，师生关系非常融洽。孔子是中国古代教师的光辉典型。孔子不但培养了众多学生，而且在实践基础上提出的



① 杨伯峻译注：《论语译注·阳货篇第十七》，第183页。

② 杨伯峻译注：《论语译注·述而篇第七》，第66页。

教育学说，为中国古代教育奠定了理论基础。

4.美学思想

孔子在齐闻韶

孔子美学思想的核心是追求“美”和“善”的统一，也就是形式与内容的统一。孔子提倡“诗教”，即把文学艺术和政治伦理、道德修养结合起来，把文学艺术当作改变社会和政治的手段、陶冶情操的重要方式。孔子说：“小子何莫学夫诗？诗，可以兴，可以观，可以群，可以怨。迩之事父，远之事君；多识于鸟兽草木之名。”[①] 这话说的是：同学们，为什么不学诗呢？诗可以激发情志，可以认识社会，可以沟通交友，可以批判现实。往近了说，可以侍奉父母；往远了说，可以侍奉君王，还可以知道不少鸟兽草木的名称。孔子这里所说的“兴”，指的是联想感发；“观”指的是观察、认识社会；“群”指的沟通社交；“怨”指的表达

① 杨伯峻译注：《论语译注·阳货篇第十七》，第185页。

不满、批判现实。孔子“兴、观、群、怨”的说法实际上全面地概括了文学艺术的审美功能、认识功能、教育功能和批判功能。

孔子行教像

孔子评论音乐，说《韶》乐“尽美矣，又尽善也”，说《武》乐“尽美矣，未尽善也”[①]。这也体现了孔子对文艺作品内容美与形式美高度统一的要求。孔子认为，《韶》乐是歌颂大舜的音乐，大舜的王位来自尧的禅让，大舜的统治也无可挑剔，所以歌颂他的音乐“尽善尽美”，不仅听上去很好听，而且价值观也非常正确；而周武王是靠发兵讨伐商纣王而取得天下的，所以歌颂周武王的《武》乐中就有了征伐的内容，这并不符合孔子心目中的最高理想，所以孔子就说《武》乐“尽美矣，未尽善也”。意思是说：虽然音乐本身也很好听，但它所宣扬的价值观尚有不完美的地方。从这里我们可以看出，孔子评价文艺作品，一个是看艺术标准，一个是看思想标准，只有两者实现了完美结合的作品，才是尽善尽美的。孔子的这一美学思想对后世影响甚巨。



---

① 杨伯峻译注：《论语译注·八佾篇第三》，第33页。

（三）孔子的历史地位

孔子生活的春秋时期，周王朝的权威已经丧失，礼乐文化遭到了遗弃，急剧的社会转型使很多人身心不安。孔子看到了这些，忧心如焚，所以他一生奔走，一直试图推行仁政，以安顿天下百姓。等政治理想破灭之后，孔子便在晚年积极地从事教学和文化整理、研究工作。他全面地研究了周朝的礼乐文化，从中提炼出了“仁”的思想。孔子通过兴办私学和周游列国，也广泛地传播了“仁”的理念。

在历史上能留下很大名声的人，一般都是帝王将相，可也有一些人例外，他们生前并不得志，但他们对后世的影响却很大，他们同样会受到后人的尊重和怀念。孔子就是这样的人。他本人孜孜不倦的好学精神、“知其不可而为之者与”[①]的担当意识以及“仁者爱人”的慈悲情怀一直感召着后人；他留在《论语》中的许多教诲人的话语也深受中国人的喜欢，许多人将此奉为人生信条，通俗一点说就是，孔子的很多说法影响了后世中国人的活法。儒家思想在后来更是成为两千多年来的主流价值观。孔子是一个非常了不起的人，是我国历史上最伟大的教育家、思想家。后人为了表达对孔子的尊重，尊称他为“大成至圣先师”。

① 杨伯峻译注：《论语译注·宪问篇第十四》，第157页。

## 二、亚圣孟子

### （一）孟子生平

孟子出生在战国时期的邹国，他幼年丧父，和母亲相依为命。他从孔子的孙子子思门人那里学习了儒家的思想学说，学成之后又根据战国时期的时代特点，发展了儒家的仁政思想。孟子一直以孔子为榜样，他不仅在思想文化上与孔子一脉相承，就是在推行仁政理念的方式上也很相似。孔子在春秋末期周游列国，试图劝说各国诸侯实行仁政；孟子则在战国中期周游列国，也通过游说国君的方式来推行仁政。

孟母断机教子

战国时期，齐国一度是中国思想文化的高地。在孟子之时，齐国的国君是齐宣王。齐宣王是一位很热心文化事业的君王，他优待文化人，招纳各国优秀的学者到齐国临淄的稷下学宫讲学，稷下学宫由此成了战国时期“百家争鸣”最重要的学术

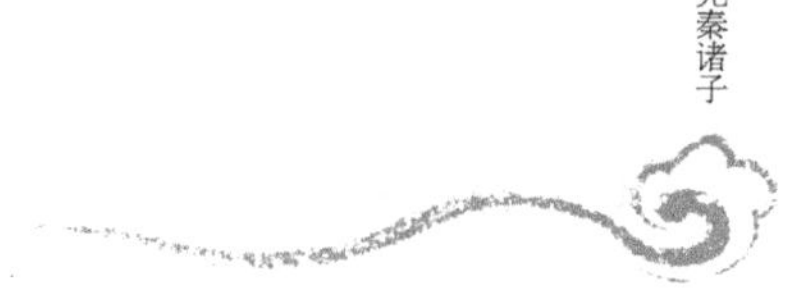

交流基地，堪称战国时期的“思想孵化器”。对此，司马迁在《史记》中记载：“宣王喜文学游说之士，自如邹衍、淳于髡、田骈、接予、慎到、环渊之徒七十六人，皆赐列第，为上大夫，不治而议论。是以齐稷下学士复盛，且数百千人。”[①]孟子也在齐国稷下学宫十分红火的时候来到齐国，在稷下学宫传播自己的学术思想。

孟子极力游说齐宣王，试图让他接受自己的仁政主张。齐宣王也一度对孟子的学说很感兴趣，可惜齐宣王最终没有听从孟子的劝谏，乘燕国发生内乱之机侵略了燕国。此事发生之后，孟子很失望，就离开了齐国。

离开齐国的时候，孟子在齐国边境的一个叫昼地的城邑逗留了三天。有人问他，为什么走得这么迟缓？孟子回答：“千里而见王，是予所欲也。不遇故去，岂予所欲哉？予不得已也。予三宿而出昼，于予心犹以为速，王庶几改之。王如改诸，则必反予。夫出昼，而王不予追也，予然后浩然有归志。予虽然，岂舍王哉？王由足用为善。王如用予，则岂徒齐民安，天下之民举安。王庶几改之，予日望之。予岂若是小丈夫然哉？谏于其君而不受，则怒，悻悻然见于其面，去则

① （汉）司马迁：《史记·田敬仲完世家》卷四六，第1895页。

穷日之力而后宿哉？”[1]这是一段孟子袒露心声的话。他说：“我不远千里来见齐王，那是为了推行仁政，是我愿意做的事；齐王不接受我的主张，我离开齐国，这岂是我所愿意看到的事？我是不得已才离开呀！我在昼地逗留了三天才离开，在我想来还是有点太快了。我实在是希望齐王能回心转意，在齐国施行仁政。齐王如果改变了主意，一定会派人将我追回。等我离开昼地时，齐王仍没有派人追我，我才打定主意离开齐国。即便这样，我难道抛弃齐王了吗？也没有呀!齐王如果哪天想通了，仍然可以继续施行仁政。齐王如果用我，又何止齐国的百姓能得到太平，全天下的百姓都能因此得到太平。齐王有一天或许施行仁政吧？我是天天在盼望着呀！向国王进谏，国君不接受就发怒；一旦离开就走得很急，非得走到精疲力尽才落脚。这是小家子气的人。我孟轲难道是这种人吗？”

游说齐宣王失败之后，孟子又游历了宋、鲁、魏、滕、邹等国，依然劝说这些国家的国君实行儒家的仁政主张，但这些国家的国君大多与齐宣王一样，他们尊重孟子，但均不肯“行仁政”。因此，孟子的仁政理念终其一生也没能推销出去。最后，孟子回到家乡，与弟子万章、公孙丑等讲学著书，写下了《孟子》一书。



① 方勇译注：《孟子·公孙丑下》，第81页。

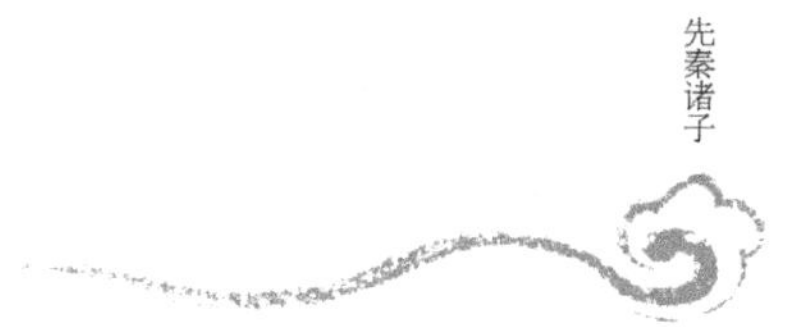

（二）孟子的主要思想

孟子像

《孟子》一书文采斐然，气势磅礴，系统地表达了孟子的思想学说。孟子思想最大的特点是民本思想和性善论。

在先秦诸子中，孟子是“民本”思想强烈的一个人。在那个变革剧烈、战乱频仍的年代，国君们关注的是如何开疆辟土、如何不被别国吞并，而纵横家和法家想的是如何将自己推销出去，以便“借壳上市”，建功立业，享受荣华富贵。孟子的关注点与这些人都不同，他最关心的是老百姓的生活——让老百姓有基本的生活保障和基本的道德底线，才是一个国家的头等大事。统治者如果完全不顾及老百姓的感受，对底层民众压榨太甚，那么一个政权就会失去民心，就会垮掉。

孟子劝说各诸侯国君王要实行“王道”，可怎么实行“王道”呢？孟子说：“养生丧死无憾，王道之始也。”[1]让老百姓对生、

① 方勇译注：《孟子·梁惠王上》，第5页。

养、老、死之类与自己切身利益相关的公共事务没有不满情绪，这是一个政权实行王道的开端。他曾对魏惠王说："省刑罚，薄税敛，深耕易耨，壮者以暇日修其孝弟忠信，入以事其父兄，出以事其长上，可使制梃以挞秦、楚之坚甲利兵矣。"[①] 意思是：国君实行仁政，就要减少刑罚，减轻赋税，先让老百姓能够精耕细作，过上衣食无忧的好日子。然后，再大力发展教育文化事业，让年轻人在闲暇时间知道孝养父母、敬爱兄长。国民有了为人忠心、诚实守信的美好品德之后，他们在家里是孝子，很好地侍奉父母；在朝廷上就可尽忠，做优秀的公务员。你的政权得到了优秀民众的支持，就可以抵御秦、楚等大国的侵略。您不要光看秦、楚两国的武器装备先进，民心才是决定胜负的关键。您若真能按我说的去做，就一定能赢得民众对您的衷心拥护。有了民众的拥护，您的士兵就是拿木头棒子当兵器也能抵御秦、楚两国的军队。

孟子还说："民为贵，社稷次之，君为轻。"[②] 意思是说，人民放在第一位，国家其次，国君在最后。孟子认为，君主负有爱护人民的义务，要保障人民最基本的生存权利，而不可横征暴敛、残酷地压

① 方勇译注：《孟子·梁惠王上》，第8页。

② 方勇译注：《孟子·尽心下》，第289页。

迫人民。按照孟子的看法，政治统治有两种：一种是“王道”，一种是“霸道”。实行“王道”，要求统治者对人民怀有温情，要靠道德教化而不是严刑峻法来治理国家；实行“霸道”，这是完全依靠武力，用严刑峻法和横征暴敛来残酷压榨百姓。孟子认为，越是在乱世之中，越是要施仁政，行“王道”。如果统治者实行仁政，就可以得到人民的衷心拥护；反之，如果国君不顾人民死活，推行暴政，就会失去民心，变成独夫民贼。面对独夫民贼，人民就有权起来革命，推翻其残暴的政权。

孟子的这个阐述，在那个时代是极其大胆的，甚至可以说带有“革命性”。他曾对齐宣王说：“君之视臣如手足，则臣视君如腹心；君之视臣如犬马，则臣视君如国人；君之视臣如土芥，则臣视君如寇雠。”① 这段话更是石破惊天，因为他不仅将君臣之间的权利、义务关系作了灵活的互动性解释，而且批判的目标完全指向了君王，而非臣民。在孟子看来，国君与臣民之间，国君显然要承担更大的责任，如果国君把臣民当作自己的手和脚看待，那臣民就会把国君看成是自己的腹腔和心脏；如果国君把臣民当作只是为自己服务的狗和马来看待，那臣民就会把国君当作陌生人看待；如果国君把臣民看得如

① 方勇译注：《孟子·离娄下》，第151页。

泥土和草芥一样轻贱，那么臣民就会把国君当作仇敌来对待。

民本思想之外，孟子的性善论也值得一说。关于性善论，孟子的经典表述是："恻隐之心，人皆有之；羞恶之心，人皆有之；恭敬之心，人皆有之；是非之心，人皆有之。恻隐之心，仁也；羞恶之心，义也；恭敬之心，礼也；是非之心，智也。仁、义、礼、智，非由外铄我也，我固有之也，弗思耳矣。"① 也就是说，人人都有同情心，人人都有羞心，人人都有恭敬他人的辞让之心，人人都有辨别善恶的是非之心。同情之心，是"仁"的萌芽和发端；羞耻之心是义的萌芽和发端；辞让之心是礼的萌芽和发端；是非之心是智的萌芽和发端。孟子说："人之有是四端也，犹其有四体也。"②人有恻隐之心、羞恶之心、辞让之心、是非之心，就像人有四体一样。只要是一个正常的人，都有两只胳膊、两条腿，所以说，良知并不需要通过后天的学习才能得到，它是人生来就具备的，是人的自性。君子和小人的区别，就在于君子起心动念、为人处世能顺应良知的召唤，而小人则为私利所迷惑，迷失了自性。



孟子主张人性善，就是认为人都有向善的可能性，如果能充分发

① 方勇译注：《孟子·告子上》，第218页。

② 方勇译注：《孟子·公孙丑上》，第59页。

挥这种向善的"四端"，那么就"人皆可以为尧舜"[①]，即把善的本性充分发挥出来，每个人都有成为圣贤的可能性；反之，如果不能发挥人性中向善的一面，则"仰不足以事父母"[②]，甚至直接就堕落为"禽兽"了。

孟子的身上有一股浩然正气，他总结自己游说君王的经验，跟弟子们说："说大人则藐之，勿视其巍巍然。堂高数仞，榱题数尺，我得志，弗为也。食前方丈，侍妾数百人，我得志，弗为也。般乐饮酒，驱骋田猎，后车千乘，我得志，弗为也。在彼者，皆我所不为也；在我者，皆古之制也，吾何畏彼哉？"[③]意思是：跟位高权重的人说话，就要藐视他，不要把他高高在上的样子放在眼里。殿堂高两三丈，屋檐好几尺宽，如果我得志，不会这样干；佳肴满桌，侍奉的姬妾好几百人，如果我得志，不会这样干；饮酒作乐，驰驱打猎，随从的车辆成百上千，如果我得志，不会这样干。那些人所干的事，都是我不屑于做的；而我所干的事，都符合古代的礼乐制度。我为什么要怕他们呢？这段话说得铿锵有力!

孟子还说："居天下之广居，立天下之正位，行天下之大道。得

① 方勇译注：《孟子·告子下》，第235页。

② 方勇译注：《孟子·梁惠王上》，第14页。

③ 方勇译注：《孟子·尽心下》，第300页。

志与民由之；不得志独行其道。富贵不能淫，贫贱不能移，威武不能屈，此之谓大丈夫。”① 孟子这里所说的“广居”指的是仁德，“正位”指的是守礼，“大道”指的是正义。那这话翻译成现代汉语，意思就是：“大丈夫应该住在天下最宽广的住宅里，站在天下最正确的位置上，走着天下最光明的大道。得志的时候，便与老百姓一同前进；不得志的时候，便独自坚持自己的原则。富贵不能使我骄奢淫逸，贫贱不能使我改变节操，威武不能使我意志屈服。这样的人，才能被叫作‘大丈夫’。”孟子这段话充分体现了他光辉的人格力量和独特的精神魅力。这段话也是后世许许多多志士仁人的座右铭，堪称大丈夫人格的最好写照。

孟子为什么能养成浩然正气？这与他这种无欲则刚的人生境界密不可分。孟子说：“养心莫善于寡欲。其为人也寡欲，虽有不存焉者，寡矣；其为人也多欲，虽有存焉者，寡矣。”② 意思是：养心的方法，没有比减少欲望更好的了。一个人如果欲望很少，那么内心的良知即使有迷失的部分，也是很少的；一个人如果欲望很多，那么内心的良知即使有保存的部分，那也是很少的。



① 方勇译注：《孟子·滕文公下》，第109页。

② 方勇译注：《孟子·尽心下》，第301页。

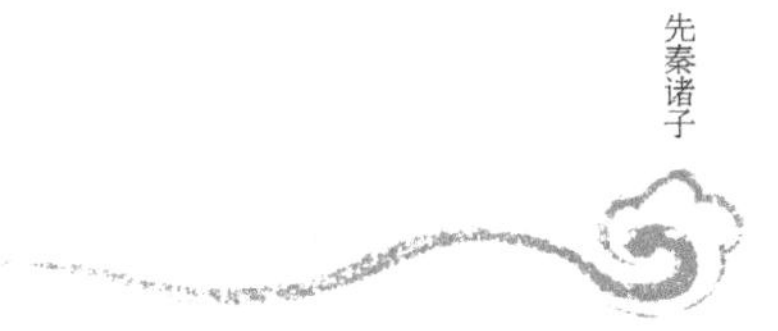

（三）孟子的历史地位

钱穆先生在《国学概论》一书中说，在孟子那个时代，“苏、张一派（指苏秦、张仪那一派的纵横家），专骛仕进，猎禄利，其行谊最卑鄙。许行、陈仲之徒，以苦行不仕骄世，亦仅止于独善，未足拯斯民于水火。稷下诸先生，则逞谈辩，溺富贵，名实兼营，而实无心于世局。独孟子志切救世，又不愿屈节枉尺以求合，其志行殆庶于孔子之所谓中道”①。钱穆先生的分析很到位。孟子对自己的人生期许一直很高，立志要做孔子那样的圣人，立言行事一直以仁义为标准，绝不向当时混乱的现实屈服。孟子最后也达到了他自己所期许的人生高度，堪称“求仁得仁”。可以说，孟子是中国历史上“有理想、有节操”之士人典范，而他关于“大丈夫”的名言更是激励无数仁人志士。

孟府、孟庙

① 钱穆：《国学概论·先秦诸子》，九州出版社2011年版，第49页。

## 三、荀子

（一）荀子生平

孔子、孟子、荀子是先秦儒家思想的三位大师。孟子主张“性善”，荀子主张“性恶”。在人性到底是善还是恶的问题上，孟子和荀子分别代表着儒家内部的两种不同的声音。

荀子像

荀子大约生于公元前325年，卒于公元前238年。也就是说，荀子死后17年，秦始皇就统一了六国，战国时代宣告结束。从某种意义上讲，荀子的学说是战国时代“百家争鸣”的最后绝响，而荀子本人亦是战国晚期“稷下学宫”最耀眼的思想大师。

荀子名况，字卿，赵国人。他曾两度出入齐国的“稷下学宫”：第一次是青年时期，主要是为了访学；第二次是成年之后，这次是受齐襄王召请，到“稷下学宫”担任“祭酒”之职。如果说“稷下学

宫”就是齐国的社会科学院的话，那么“祭酒”就是社会科学院院长，是“学宫”中最尊贵的职位。荀子曾先后三次以宗师的身分担任稷下学士的祭酒。后来，齐国有人毁谤荀子，荀子就到了楚国，春申君让他担任兰陵令。春申君死后，荀子被罢官，便在兰陵安了家。

荀子教出了两个有名的学生：一个是韩非，一个李斯。两个人后来都成了法家学派的代表人物，李斯还在秦朝任丞相之职。荀子生逢战国末期的乱世，他憎恶当时黑暗的政治，对当时接连出现的昏君非常失望，同时对此前的儒家、墨家、道家的一些主张也有不同的看法，于是他便撰文系统地阐述了自己的思想学说，这便是《荀子》一书。据说，此书写完不久，他就辞世了。

（二）荀子的主要思想

在荀子之前，孟子曾提出过著名的“性善论”。当时，告子曾与孟子进行辩论，告子认为“人性之无分于善不善也”①。“性犹湍水也，决诸东方则东流，决诸西方则西流。”在告子看来，人性好比急流水，东方开了缺口便向东流，西方开了缺口便向西流。

孟子反驳了告子的“人性无善无恶”之论。“水信无分于东西，无分于上下乎？人性之善也，犹水之就下也。人无有不善，水无有不

① 方勇译注：《孟子·告子上》，第213页。

下。”[①] 在孟子看来，水流确实是不分向东向西的，可是它也不分向上和向下吗？人性的善，就好比水总要往低处流一样。人性没有不善的，水没有不向低处流的。

好多人一听说“人性本善”，立马就望文生义地理解为“人性天生就是善良的”。其实，孟子所持的“性善论”不是这个意思，他所说的“性善”是指每个人都有“向善”的趋势，都有行善的可能性。用美国大片《蜘蛛侠》中的话说就是：“任何时候，你都可以选择做一个好人。”

孟子也知道，尽管每个人都可以行善，可这个世界上却一直有人作恶。这是为什么呢？孟子说，这是外部环境所致。“今夫水，搏而跃之，可使过颡；激而行之，可使在山。是岂水之性哉？其势则然也。人之可使为不善，其性亦犹是也。”[②] 意思是：用力击打水流，水流会飞溅起来，飞的高度甚至高过人的额头；硬生生地阻挡住水流，它也会倒流，有时甚至可以流到山上。可是，这难道是水的本性吗？这是形势导致的结果。人之所以会变得不善，也是受外部形势所迫。孟子还举社会生活中的实际现象来说明：“富岁，子弟多赖；凶

---

① 方勇译注：《孟子·告子上》，第213页。

② 方勇译注：《孟子·告子上》，第214页。

岁，子弟多暴，非天之降才尔殊也，其所以陷溺其心者然也。”[①]即遇到风调雨顺的丰收年景，少年子弟就变得懒惰；遇到饥荒之年，少年子弟就变得强横。这不是因为少年子弟的天性资质不一样，而是由于外部环境使他们心情变坏的缘故。

孟子的人性解释看起来能自圆其说，可若细究便发现不少问题。比如，若说人变坏都是外部环境造成的，那岂不等于替坏人开脱？即坏人变坏都是社会大环境“逼良为娼”的结果，并不是坏人本身的责任。譬如一个贪官在法庭上说，我本来也是个好官，就是经不住金钱的诱惑。我成贪官是社会大环境造成的，若社会上根本就没有金钱，那我仍然是好官。这样的说法靠谱吗？显然不靠谱。一个简单反问就可击倒这种论调：“你说是社会环境使人变坏，那面对同样的社会环境，为什么别人就能‘出淤泥而不染’？”

还有一个问题，既然“人性本善”，那么这些“性善”的人生活在一起，为什么反倒会制造出一种“逼良为娼”的社会大环境呢？按说，全是“性善”的人集中在一起，那该创建一个美好的天堂才对呀！这个问题，孟子的“性善”论也回答不了。

谁来回答呢？荀子登场了。

① 方勇译注：《孟子·告子上》，第220页。

荀子说，孟子主张“性善论”，“是不及知人之性”[①]，是他并不真懂人性。为啥说孟子不真懂人性呢？因为他“不察乎人之性、伪之分”[②]，即孟子没有区别对待人性中的两部分内容——“性”与“伪”。

关于“性”和“伪”，荀子作了清晰的界定：“不可学、不可事而在人者谓之性，可学而能、可事而成之在人者谓之伪。”[③]“生之所以然者谓之性。性之和所生，精合感应，不事而自然谓之性。性之好、恶、喜、怒、哀、乐谓之情。情然而心为之择谓之虑。心虑而能为之动谓之伪。虑积焉、能习焉而后成谓之伪。”[④]简言之，性是天然生成的，伪是后天人为养成的，性是人的种种欲望，伪是人的后天修为。基于此，荀子说：“人之性恶明矣，其善者伪也。”[⑤]这是“性恶论”的主旨，即人的先天欲望中包含着种种恶端。一个人若放纵欲望，那一定会做出恶事来。为了防止人作恶，就必须用后天的努力去学习善道，践行善行。在荀子看来，正因为人性本恶，所以个人



① 方勇、李波译注：《荀子·性恶》，中华书局2011年版，第377页。

② 方勇、李波译注：《荀子·性恶》，第377页。

③ 方勇、李波译注：《荀子·性恶》，第377页。

④ 方勇、李波译注：《荀子·正名》，第357页。

⑤ 方勇、李波译注：《荀子·性恶》，第376页。

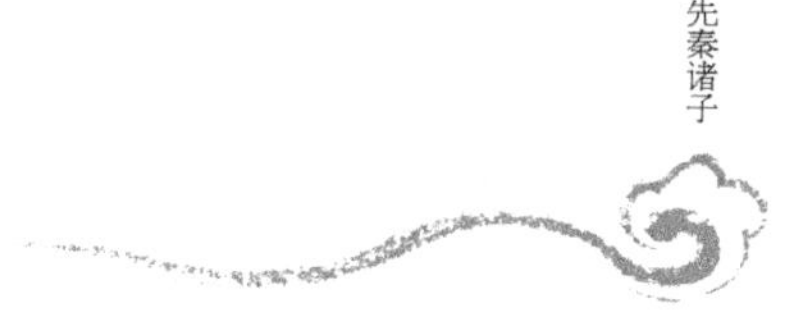

的后天学习就显得极其重要；正因为人性本恶，所以整个社会的礼义法度建设就更不可疏忽大意。

荀子说："今人之性，生而有好利焉，顺是，故争夺生而辞让亡焉。生而有疾恶焉，顺是，故残贼生而忠信亡焉。生而有耳目之欲，有好声色焉，顺是，故淫乱生而礼义文理亡焉。然则从人之性，顺人之情，必出于争夺，合于犯分乱理而归于暴。故必将有师法之化、礼义之道，然后出于辞让，合于文理，而归于治。用此观之，然则人之性恶明矣，其善者伪也。"① 这段话说得非常好，大意是：人的天性生下来就好利，放纵这种本性，社会生活的各个领域就会出现你争我夺的现象，而辞让的美德也就没了。人生下来就有嫉妒、憎恶的心理，放纵这种心理，就会发生互相伤害的事情，而忠信的美德就没了。人生下来就有贪图耳目声色享受的欲望，放纵这些欲望，就会发生奢侈腐化、淫乱不堪之事，而礼义廉耻之类的人间正道、正理也就没了。如果一味地顺从、纵容人的本性，社会一定会越来越乱。因此，就必须用法度礼义来教化百姓。

至此，我们大致可以看出孟子和荀子对人性的不同关注点了。孟子认为，"人性"中包含一切"善的倾向性"，如"恻隐之心""羞

① 方勇、李波译注：《荀子·性恶》，第375页。

恶之心”“辞让之心”“是非之心”等，所以他说人性是善的。荀子认为，人性中包含着一切“恶的倾向性”，如好利之心、耳目声色之欲等，所以他说人性是恶的。其实，两人所说的“性善”与“性恶”都是指人性中的可能性和倾向性，而非必然性和决定性。

此外，孟子看到了人性中包含着“良知良能”，即“人皆可以为尧舜”[①]，所以他推崇“性善”；荀子则认为，人人虽有“可以知之质，可以能之具”[②]，但“可以知”未必就知，“可以能”未必真能。“夫工匠农贾，未尝不可以相为事也，然而未尝能相为事也。”[③]道理很简单，理论上讲，任何人都有成为世界首富的可能，但想把这种可能转化为现实，几率还是非常之小的。目可以见，耳可以听，这是没错的。可是，“可以见”未必就能见得“明”，“可以听”未必就能听得“聪”。荀子驳孟子“良知良能”，其意不在驳“知”和“能”本身，而是强调，要把人先天的潜质“知”和“能”发展到“良知”“良能”的程度，光靠先天是不够的，个人的后天努力极其重要。若后天不努力，人的先天潜质就发展不成“良知”“良能”。



孟子讲“性善”，他的教育理念相应地就偏重于“自得”一面；

① 方勇译注：《孟子·告子下》，第235页。

② 方勇、李波译注：《荀子·性恶》，第385页。

③ 方勇、李波译注：《荀子·性恶》，第385页。

荀子讲“性恶”，他的教育理念则侧重于“积善”的一面。他在《劝学》中说：“积土成山，风雨兴焉；积水成渊，蛟龙生焉；积善成德，而神明自得，圣心备焉。故不积跬步，无以致千里；不积小流，无以成江海。骐骥一跃，不能十步；驽马十驾，功在不舍。锲而舍之，朽木不折；锲而不舍，金石可镂。”① 这段话非常有名，都被选入中学语文课本了，其主旨就是让人们做事要有“锲而不舍”的精神，通过不断积累，达到“神明自得”的境界。在荀子看来，不但学习如此，一个人最终成为什么样的人也与他平日之“积累”密不可分。“人积耨耕而为农夫，积斫削而为工匠，积反货而为商贾，积礼义而为君子。”②

重视后天“积累”甚于先天的“良知良能”，这可以说是荀子“性恶论”与孟子“性善论”的一大不同之处。荀子之所以如此强调后天“积累”，念念不忘教导人们“积善成德”，其实原因很简单：生活在一个日益喧嚣浮躁的世道里，你若再不重视“积善”，那就太容易同流合污乃至堕落到罪恶的深渊之中了。

“性恶论”之外，荀子的“天道观”亦值得一说。

先秦诸子的哲学，在总体上均具有“和天人”的特色，即他们都

① 方勇、李波译注：《荀子·劝学》，第5页。

② 方勇、李波译注：《荀子·儒效》，第110页。

要调和“天道”和“人事”之间的关系。“天道”代表着彼岸，代表着宇宙规律，代表着神秘主义与超越性思维；“人道”代表着此岸，代表着人间法则，代表着理性判断和现实抉择。整体而言，道家、墨家重“天道”，儒家、法家重“人道”。对于天人之间的考量，经典表述是：“尽人事以听天命。”“未能事人，焉能事鬼？”[①]孔子的思想开启了“敬鬼神而远之”[②]的理性思维。

到了战国晚期，荀子在理性的道路上则越走越远。在《天论》中，荀子说：“君子敬其在己者，而不慕其在天者；小人错其在己者，而不慕其在天者。君子敬其在己者而不慕其在天者，是以日进也；小人错其在己者而慕其在天者，是以日退也。”[③]这段话的核心意思是，君子和小人的一个重要差别就在于：到底是千方百计地挖掘自己身上的潜能还是小心翼翼地期待上天的眷顾。如果你想的是努力挖掘自身的潜能，那你每天都进步，就会成为君子；如果你总想着得到上天的眷顾，那你每天都退步，就成了小人。这种说法在当时简直是石破天惊。



在荀子之前的先秦诸子，不管在天道和人道之间如何调和，他们

---

① 杨伯峻译注：《论语译注·先进篇第十一》，第113页。

② 杨伯峻译注：《论语译注·雍也篇第六》，第61页。

③ 方勇、李波译注：《荀子·天论》，第270页。

总是要承认有个“天”的。即便是重视人事的孔子，也说过“获罪于天，无所祷也”[①]的话。而且，在人生的畏难时刻，他也每每以“天命在我”的心理暗示给自己和弟子打气。同时代的人也对孔门弟子说“天将以夫子为木铎”[②]，意思也是说孔子是天命在身的人物。因此，孔子虽重人事，但不否认天道、天命，非但不否认，有时他甚至认为天还有“赏善罚恶”的意志力。老子、庄子等人虽不认为天有意志，但他们觉得天道无处不在、无时不在，人必须顺应天道，“敬天”“顺天”；否则，就招致灾祸。墨子的上天当然更具意志力，它不但能“赏善罚恶”，而且还能直接选择代理人——“天子”。如果“天子”做的事不符合上天的意志，那“天子”的职位就坐不稳。

荀子生活在战国晚期，他审视过前辈们有关天道的种种论述后，大胆地提出了自己的观点：“道者，非天之道，非地之道，人之所以道也，君子之所道也。”[③]这等于否认了天道的存在。道是什么，与天无关，与地无关，只与人有关。至此，人道完全代替了天道。

荀子说：“天行有常，不为尧存，不为桀亡。应之以治则吉，应之以乱则凶。强本而节用，则天不能贫；养备而动时，则天不能病；

① 杨伯峻译注：《论语译注·八佾篇第三》，第27页。

② 杨伯峻译注：《论语译注·八佾篇第三》，第33页。

③ 方勇、李波译注：《荀子·儒效》，第95页。

循道而不贰，则天不能祸。故水旱不能使之饥渴，寒暑不能使之疾，袄怪不能使之凶。……故明于天人之分，则可谓至人矣。”[①]这段话的核心意思是：天地万物的发展变化确实有其客观规律，可这种客观规律不是人的主观意志所能改变的。人们认识这种规律，顺应它，运用它，就可以趋吉避凶、消祸得福。说一千道一万，社会治乱的根源还是在于人而不在于天。荀子告诉世人，不是神秘的“天”主宰、支配着人的命运，而是活生生的人通过不断学习，“积善成德”，进而成长为万物灵长、宇宙之光。这种理论，把儒家积极乐观的人生观彻底提升到了“参赞天地，化育万物”的高度。

荀子主“性恶”，倡“制天”，重人治。他的这些思想用在教育个人上，就是劝导人们“学不可以已”，注重后天的“积善成德”；用在政治治理层面，则主张用礼乐来节制人们的各种欲望。荀子说：“人生而有欲，欲而不得，则不能无求；求而无度量分界，则不能不争。争则乱，乱则穷。先王恶其乱也，故制礼义以分之，以养人之欲，给人之求。”[②]意思是：人生而有各种欲望，为了不使人的各种欲望泛滥，就得制定礼制来加以约束。荀子主张“隆礼尊贤而王，重



① 方勇、李波译注：《荀子·天论》，第265页。

② 方勇、李波译注：《荀子·天论》，第300页。

法爱民而霸”[①]。“礼”“法”并提并重之外，还将“礼”“法”作了工具性的解释，即推行“礼”“法”的目的是为了强国，是为了“王”和“霸”。

不仅如此，荀子还试图以他的“礼”“法”来构建新的社会秩序。他主张破除人的世袭身份，以才智标准来重新划分社会等级。荀子将人分为四等：第一等是大儒，这类人“知伦通类，明百王之道贯”，可算是博古通今，才能超群，是先知先觉者，可为天子、三公；第二等是小儒，这类人奉法守法，可为诸侯、大夫、士；第三等是众人，可为工、农、商贾等，这些人好好干活就养着他们，不好好干活就将其绳之以法；第四等是奸人，这类人是社会的不稳定因素，对他们就要“杀无赦”。

那么，这四种等级由谁来划分呢？荀子的回答是“人君”。也就是说，荀子将重新划分社会阶级的权力交给了国君。他说：“无分者，人之大害也；有分者，天下之本利也；而人君者，所以管分之枢要也。”[②]

荀子主张“以圣王为师”，即以道德、才能都突出的当世国君为老师，国君制定的政策法规就是人们必须要遵守的“礼”“法”。这

① 方勇、李波译注：《荀子·天论》，第273页。

② 方勇、李波译注：《荀子·富国》，第142页。

种“以圣王为师”的观念，实为后来秦朝君主专制的思想滥觞，亦可以说与法家思想仅有一步之遥。

（三）荀子的历史地位

荀子主张“性恶”，又注重“人治”，自然而然地建议君王“礼”“法”并用，控制乃至惩戒百姓。他说：“贤能不待次而举，罢不能不待须而废，元恶不待教而诛，中庸民不待政而化。分未定也则有昭缪。虽王公士大夫之子孙，不能属于礼义，则归之庶人。虽庶人之子孙也，积文学，正身行，能属于礼义，则归之于卿相、士大夫。故奸言、奸说、奸事、奸能，遁逃反侧之民，职而教之，须而待之，勉之以庆赏，惩之以刑罚。安职则畜，不安职则弃。五疾，上收而养之，材而事之，官施而衣食之，兼覆无遗。才行反时者死无赦。”① 意思是：圣王对贤能之士就该破格提拔，对无能之辈就该罢黜，对带头干恶事的人如不用教育就直接杀掉。王公士大夫的后代不守礼义就降为庶人，庶人的子孙有才能的就提拔做高官。对撒播谣言、发表歪理邪说、不守规矩扰乱社会治安的人，可先进行说服教育，教育之后仍不悔改，就将其杀掉。这段话的味道，是不是与法家“严刑峻法”的做法非常接近？

就这一点而言，我们可以说，荀子的儒家已经不是孔孟那样

① 方勇、李波译注：《荀子·王制》，第114页。

荀子墓（在今临沂市兰陵县兰陵镇）

的儒家，荀子所倡之“礼”更不同于孔孟所倡之“礼”。荀子重“人治”，可他的“人道主义”色彩反倒不如孔孟；荀子摒弃“天命”“天道”，力推“积善成德”[①]，可他的思想理论却缺乏敬意与温情。他的种种主张虽仍在儒家的轨道之内，但他已是新时代的儒家，或者说是战国末期的“新儒家”。他虽不是法家，但他足以开启法家。果然，在荀子之后，他的两个学生韩非和李斯成了法家的著名人物。

① 方勇、李波译注：《荀子·劝学》，第5页。

第二章

# 道家：隐逸之思

道家思想在中国古代哲学中占有重要的地位，它以“道”作为世界的本原。道的本义是指“道路”，后引申为“道理”，用以表达事物发展的规律。这一变化经历了相当长的历史过程。春秋后期，老子最先把“道”看作是宇宙的本原和基本规律。所谓道家，顾名思义，就是中国古代以研究宇宙的根本规律见长的思想学派。公认的道家宗师是老子，老子集自黄帝以来古代先贤的智慧，总结出了道家的思想精华。老子最先提出“道”的概念，并用它来说明世界的本原、本体、规律和原理。道家主张“无为”，反对政府对民间社会进行过度的干预，也劝人不要“瞎折腾”；道家反对战争，呼吁和平；道家教人减少欲望，主张清心寡欲、返朴归真；道家提出了朴素的辩证法思想，认为万事万物总是在相互对立的矛盾关系中向前发展的，彼此对立的矛盾双方在适当的条件下还可以互相转化；道家擅长逆向思维，主张以静制动、以弱胜强、以柔克刚。

道家哲学不仅深深地影响到中国道教的发展，而且还赋予了中国文学、绘画、书法、建筑等各类艺术以想象奇诡、空灵玄远、自由洒脱的超拔气息。如果说中国古代的优秀官员大都是儒家信徒的话，那么中国古代优秀的文学家、艺术家则都受到过道家思想的深深熏陶。更妙的是，这两者还可很好地结合在一个人的身上。古代的中国士人，他们在仕途仕途顺畅，可以施展自己政治抱负的时候，就践行儒家的

“修身、齐家、治国、平天下”的人生观，而一旦仕途不顺，遭受贬谪，那么他们很快就会用道家“任运无为”的隐士思想来排遣人生的困苦，并重新打量自己身处的世界，然后以寄情山水、写诗作赋、练字作画等方式来开启新的人生篇章。许多优秀的中国古人正是通过在儒家和道家两种思想的顺利切换中完成了人生的转型和飞跃——他们从朝廷中的一位官吏而一跃为中国文学史和艺术史上的巨人。孟子有一句话叫“达则兼济天下，穷则独善其身”①，说的就是这种情形。

## 一、老子

### （一）老子生平

老子是春秋时期楚国苦县（今河南鹿邑）人，姓李，名耳，字聃。他的职业生涯中有“周守藏室之史也”②，也就是曾在周王室做过图书馆馆长。孔子到周王室参学的时候，曾拜访过老子，并向他请教有关“周礼”的问题。后来，老子看到周王室的权威日益丧失，天下也陷入战乱纷争之中，于是他就骑着一头青牛西出函谷关而去。到了函谷关的时候，守卫函谷关的官员尹喜不让他出关，说：“您老人



---

① 方勇译注：《孟子·尽心上》，第261页。

② （汉）司马迁：《史记·老子韩非列传》卷六三，第2139页。

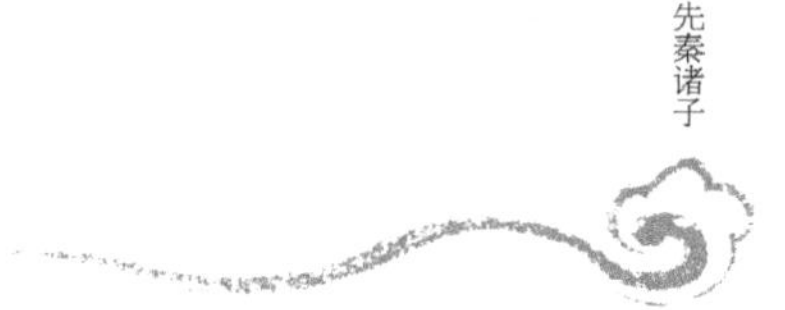

家即将归隐了，在归隐之前，您得写下一本书。否则我不让您出关。”

老子本来没想着写书，被尹喜这么一逼，就写下了《道德经》。《道德经》的主旨是教人学“道”、知“道”、体认“道”，然后向天道无限靠近，像天道运行一样，无私地帮助万物成长而不妨害万物。凭着这部《道德经》，老子构建出了一套完整的哲学体系，成了道家学派的创始人。

老子骑牛出关

据说，写完《道德经》之后，老子便骑青牛走出了函谷关，“莫知其所终”[①]。老子没给后人留下太多的故事，他留给后人的东西就两样：一部五千言的《道德经》，一个骑着青牛慢慢悠悠西去的背影。前者是一部理论著作，后者是一幅画，更是一首充满着象征意味的诗篇。人们对前者解读得越深刻，人们对后者想象得就越生动；人们对世间的悲喜认识得越清醒，人们对老子的敬佩也就越真诚。

① （汉）司马迁：《史记·老子韩非列传》卷六三，第2141页。

（二）老子的主要思想

《道德经》的开头是："道可道，非常道。名可名，非常名。无，名天地之始。有，名万物之母。"[①]在这里，老子创造性地提出了一个后来对中国文化影响深远的一个概念"道"。这段话的大意是，可以用语言表达的规律就不是永恒不变的规律，可以说得出的名字就不是永恒不变的名字。

在老子看来，世界除了可以命名的事物之外，还有无法命名的事物，"道"就是无法命名的，但是万物之名又都是从道衍生出来的。"道"既是世界的本体，又是具体现实的主宰性力量，同时还是万事万物形成发展的一种规律性表述。"道"既然是万物之由来，那它就不是万物之一；如果它是万物之一，那它就不是万物之由来。每一个事物都有一个名字，"道"不是一个事物，所以它没有名字，我们只能勉强地称之为"道"。因此，老子说："道常无名、朴。虽小，天下莫能臣。"[②]"道"是不可以命名的，它就像是未加工过的木材一样，虽然微不足道，但是天下没有人能够支配它，反而是它主宰、支配着万事万物。



① 陈鼓应：《老子注译及评介》，中华书局1984年版，第53页。

② 陈鼓应：《老子注译及评介》，第194页。

大家要知道，老子提出的“道”是一种带有超越性的概念。我们可以这样理解：事物一开始出现就是一个存在物，万事万物首先必须有存在性，然后才被命名。比如，我们把一种动物叫作“狗”，那“狗”这种动物在它没有被命名之前就已经存在了，它有某种特殊的属性。我们把一种植物称之为“树”，那这种植物也是确实存在的，是看得见、摸得着的，是形而下的，在被命名之前也已经存在了。可是，我们称呼“道”的时候，并不是在指称一种可以看得见、摸得着的形而下的事物，所以“道”是一种“无名之名”，无法用语言来表达。虽然无法用语言来表达，但“道”又非常重要，它衍生出了整个世界，正所谓“道生一，一生二，二生三，三生万物”[①]。

老子是道家思想的创始人，道家是一种隐士的哲学。老子最关心的问题便是：一个人生活在乱世之中，到底该怎样才能保全自己的生命？老子认为，一个体认了“道”的人是“微妙玄通，深不可识”[②]的，他们办事的时候，反复考虑，就像严冬之时在冰河上行走一样；他们小心谨慎，就像畏惧四周的敌人的一样；他们恭敬庄重，就像是一个到别人家里做客的人；他们通达而不固执，就像是即将融化的冰

① 陈鼓应：《老子注译及评介》，第232页。

② 陈鼓应：《老子注译及评介》，第117页。

块；他们朴实敦厚，就像是未经雕饰的木材；他们虚怀若谷，包容一切，就像浩瀚大海。

老子告诫人们要知足，要“去甚，去奢，去泰”，去掉那些过分的、奢侈的、极端的行为，因为这些夸张矫饰和轻率放纵的做法都是违反自然规律的。人还要“知常”“守常”，保持平常心，守住正常的生活姿态，顺乎自然，平易朴实。“知常曰明”，知道事物变化的常理，这样的人就是明智的；反之，就是“不知常，妄作凶”，即不懂得事物变化的常理，胡乱行动，那就会遇到凶险。老子接着说：“知常容，容乃公，公乃全，全乃天，天乃道，道乃久，没身不殆。”[①]意思是：知道事物变化的常理，人的思想就明智，思想明智的人就能避免偏见，避免了偏见的人的思想才能全面，思想全面的人才能做到胸怀广阔，胸怀广阔的人才能体认到真

《道德经》书影

① 陈鼓应：《老子注译及评介》，第124页。

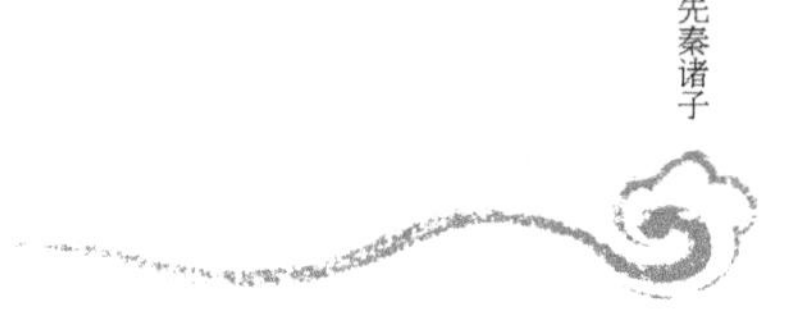

理，体认到真理的人将持续不败，终身不会遇到危险。

老子还教诲人们要清心寡欲。他说："五色令人目盲，五音令人耳聋，五味令人口爽，驰骋畋猎，令人心发狂，难得之货，令人行妨。"[①]这是提醒人们不要贪图享乐，人的欲望若不加节制会无限膨胀，欲望膨胀太快，感官的灵敏度反而会大幅度降低。对此，我们不妨以现代人的生活证实之：整天盯着电视看花花绿绿画面的人的视力就会受伤害；整天戴着耳机听摇滚的人的听力就会受到伤害；经常喝酒吃肉的人的味觉就会变得迟钝；经常打猎、杀害动物的人就容易内心狂躁、焦虑不安；经常贪图财物的人就容易贪污受贿、触犯法律。一句话，欲望本身没有错，但欲望若不能得到较好的控制，就会反过来伤害我们的身体和心灵。老子希望抵制住种种诱惑，过一种俭朴恬淡的生活，"为腹不为目"。这样的生活方式用今天的话讲就是"低碳生活""环保生活"，同时也是一种健康的生活。

老子观察世界善于使用逆向思维。他说："反者'道'之动，弱者'道'之用。"[②]善于用逆向思维，才能体认"道"的存在和它的规律；善于保持柔弱的状态，才是对"道"的最好应用。

① 陈鼓应：《老子注译及评介》，第106页。

② 陈鼓应：《老子注译及评介》，第223页。

老子还说："祸兮，福之所倚；福兮，祸之所伏。"[①]这是说，一切事物都存在着对立面，而对立的双方又可以互相转化，在一定条件之下，坏事可以转化成好事，好事也可能转化成坏事。而转化的总规律就是"物极必反"，任何事物的发展超过了极限，就会向着相反的方向转化。所以老子就又说："金玉满堂，莫之能守；富贵而骄，自遗其咎。"[②]满屋子的金玉财宝，没有人能把这种超过限度的富贵长久地保持下去。为什么呢？因为富贵会使人生起骄纵之心，而骄纵之心又足以给人招致祸害。

作为一流的思想家，老子自然也提出了一整套的政治思想。老子认为，只有圣人才能担当得起治国的重任。圣人治国，不是忙着做各种事物，而是先去掉不应该做的事，要"无为"，不要瞎折腾。老子看到，民众的痛苦有很多恰恰来自统治者的乱作为，正是统治者的瞎折腾干扰了民众正常的生产和生活秩序，对民众造成了伤害。比如，"民之饥，以其上食税之多"[③]。意思是：老百姓之所以忍饥挨饿，就是因为统治者收的赋税太高了。同理，"民之难治，以其上之有为"，即人民之所以难于管理，是因为统治者强作妄为；"民之轻



① 陈鼓应：《老子注译及评介》，第289页。

② 陈鼓应：《老子注译及评介》，第93页。

③ 陈鼓应：《老子注译及评介》，第339页。

死，以其上求生之厚”，意即老百姓之所以敢于以死反抗统治，就是因为统治者过分地追求生活质量，以致压榨得普通民众无法生存。

为了治乱作为的毛病，老子以一种决绝的方式说：“不尚贤，使民不争；不贵难得之货，使民不为盗；不见可欲，使民心不乱。”① 意思是：圣人治理国家，不尊重有贤能的人，为的是使百姓不去争名夺利；不看重贵重的物品，为的是使百姓不去做盗贼；不显露那些可以引起欲望的事物，为的是使百姓思想不混乱。老子还说：“我无为，而民自化；我好静，而民自正；我无事，而民自富；我无欲，而民自朴。”② 即只要统治者不瞎折腾，人民百姓自然会服从管理；只要统治者自己清静无为，人民百姓的行为自然端正；只要统治者自己不乱作为、瞎折腾，百姓就会自然富足；只要统治者能清心寡欲，百姓自然会淳朴厚道。在这里，老子把批判的锋芒指向了统治者——世道混乱的根源，不是别的，正是统治者的多欲多求、胡作非为和不当管理。如果他们改正了这些毛病，世道自然而然就会变好。

老子当然也反对战争，倡导和平。他说：“以道佐人主者，不以兵强天下。”③ 意思是：依照“道”的原则辅佐君主的人，不

① 陈鼓应：《老子注译及评介》，第71页。

② 陈鼓应：《老子注译及评介》，第284页。

③ 陈鼓应：《老子注译及评介》，第188页。

以兵力逞强于天下，原因就在于“其事好还”，穷兵黩武这种事必然会得到报应。而且，“师之所处，荆棘生焉。大军之后，必有凶年”。军队所到的地方，荆棘横生；大战之后，一定会出现荒年。这是说战争的后果非常严重。那么万不得已的情况下用兵，原则又在哪里呢？老子说：“善有果而已，不敢以取强。果而勿矜，果而勿伐，果而勿骄，果而不得已，果而勿强。物壮则老，是谓不道，不道早已。”[①]善于用兵的人，能达到用兵的目的，取得的成果也就可以了，绝不敢以武力去逞强。“不敢以取强”，表明战争是防御性的，而不是野蛮的侵略行为。“取强”是乐于杀人，为有道者所不忍。正确的行为是：取得了战果，不可自尊自大；取得了战果，不可自我炫耀；取得了战果，不可骄横；战果的取得，是出于迫不得已；取得了战果，就不可再用武力来逞强。这是真正的用兵之道，是保持战果的具体策略，体现的是仁慈之德。不懂得用兵之道，国家就会过早地衰亡。国家由强变衰，以至于灭亡，都是因为统治者不明道而贪得无厌造成的。富国强兵，在于维护和平、抵御邪恶。若是自恃国强兵威去逞强黩武、大开杀戒，则是不道行为，不道的结果必然是国家过早地衰亡。

① 陈鼓应：《老子注译及评介》，第188页。

（三）老子的历史地位

在老子之前，中国人对生成万物的宇宙只推论到天，根本没有触及到宇宙的本原问题。老子最先思考宇宙的本原问题，提出了“道”的概念。他说：“有物混成，先天地生。寂兮寥兮，独立而不改，周行而不殆，可以为天地母。吾不知其名，强字之曰‘道’，强为之名曰‘大’。大曰逝，逝曰远，远曰反。”① 这段话的意思是：有一个东西混然天成，在天地还未形成之前就已经存在了。人们听不到它的声音，也看不见它的形体。它寂静而空虚，不依靠任何外力而独立存在，它循环运行而永不衰竭，可以作为万物的根本。我不知道它的名字，所以勉强把它叫作“道”，再勉强给它起个名字叫作“大”。它广大无边而运行不息，运行不息而伸展遥远，伸展遥远而又返回本原。所以说，道大、天大、地大、人也大。宇宙间有四大，而人居其中之一。人取法地，地取法天，天取法“道”，而道又自然而然地运行不已。老子用“道”来概括宇宙的本原及其运动的规律，这是先秦时代中国人最高的哲学思辨成果。对于这一点，胡适先生曾说：“老子的最大功劳，在于超出天地万物之外，别假设一个‘道’。这个道的性质，是无声、无形；有单独不变的存在，又周行天地万物之中；生于天地万物

① 陈鼓应：《老子注译及评介》，第163页。

福建清源山老君岩

之先，又却是天地万物的本源。”“道的作用，并不是有意志的作用，只是一个‘自然’。”“只是万物自己的作用，故说‘道常无为’。但万物所以能成万物，又只是一个道，故说‘而无不为’。”①

老子认为，自然界和人类社会都是变动不居的，变动不居的原因是天地万物都存在两个互相矛盾的对立面，而且相互矛盾的双方还可以在一定的条件下互相转化。他揭示出一系列的矛盾，如有无、难易、长短、高下、前后、美丑、祸福、刚柔、强弱、损益、兴衰、大



① 胡适：《中国哲学史大纲·老子》，中华书局2015年版，第45、46页。

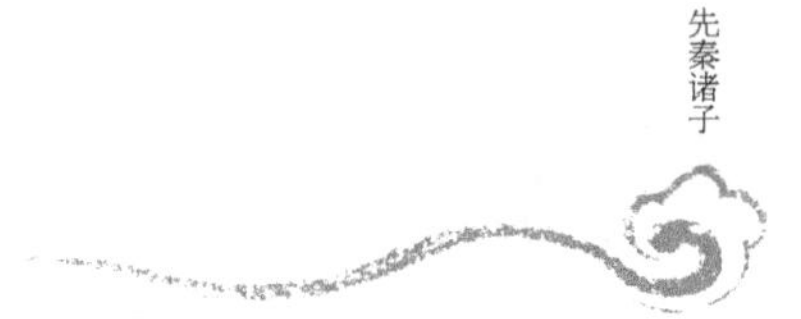

小、智愚、生死、胜败、进退、攻守，等等。他认为，这些矛盾的任何一方面都不能孤立存在，而是互为前提、互相依存的。可以说，老子的思想虽然一直没有成为中国社会的主流思想，但是它又始终对中国人的思维方式产生着极其重要的影响。

## 二、庄子

### （一）庄子生平

庄子是宋国“蒙人”（蒙地在今天河南商丘附近），生卒年大约为公元前369年至公元前286年，与魏惠王、齐宣王同时，与孟子略处于同一时代。孟子是儒家人物，总想着劝说君王实行“仁政”，而庄子不同，他是道家人物，在乱世中选择了做隐士。

据司马迁《史记》记载，庄子早年“尝为蒙漆园吏”，即在当地做过“漆园吏”这样的小官，但他酷爱自由，根本不愿意混官场。当时，楚威王听说庄子是个人才，就派两名官员前来请庄子去楚国做高官。当时，庄子正在濮水钓鱼。楚王的两个使者见到庄子后说明了来意：“愿以境内累

庄子像

矣！”话还说得很客气，我们楚王希望把楚国的政事委托给您，请您受点累，就请接受这份工作吧。但庄子“持竿不顾”，继续拿着钓竿钓鱼，头都不回一下，极其淡定。他跟楚王的两个使者说，我听说楚国有只神龟，死了已经三千多年了。楚王用布把它包好，放在竹箱子里，珍藏在庙堂之上。“此龟者，宁其死为留骨而贵乎，宁其生而曳尾于涂中乎？”意思是：对这只神龟来说，它是宁愿死后留下骨壳以显示尊重呢，还是宁愿活着而拖着尾巴在烂泥里爬行呢？

楚王的两位使者说：“宁生而曳尾于涂中。”好死不如赖活着，它当然是愿意活着而且还在烂泥里拖着尾巴了。

庄子等的就是这句话，他说：“往矣！吾将曳尾于涂中。”[①]那你们还是赶快回去吧，我跟那个神龟一样，我也愿意拖着尾巴在烂泥中爬行。

庄子所说“曳尾于涂中”的神龟，象征着一种超越富贵与贫贱的本真状态。在庄子看来，做楚相虽可享受荣华富贵，但会使自己失去本真的状态，失去宝贵的自由。为了呵护生命中最难得的本真与自由，庄子宁愿舍弃高贵的楚相之位。

楚威王之外，魏惠王也曾想请庄子出山辅佐自己，同样遭到了庄

① 方勇译注：《庄子·外篇·秋水》，中华书局2010年版，第278页。

子的拒绝。庄子这种视富贵如浮云的气度，由不得后人不佩服。

庄子生活的时代，诸侯混战，天下大乱。庄子不愿与统治者同流合污，遂辞官隐居，潜心著书。

（二）庄子的主要思想

庄子对战国时期“兵戈不休，诈伪并起”的社会现实非常失望。在他子看来，不但那些热衷于攻城略地的国君不靠谱，就是儒家念念不忘的“仁义”亦不过是统治者用以窃国的工具。庄子说：“彼窃钩者诛，窃国者为诸侯，诸侯之门而仁义存焉。”[①]这话可以说是对那个时代最严厉的控诉。

那么，生逢乱世，我们又该以什么来对抗残酷的现实并进而保全自己呢？庄子试图为人类寻找一种可以摆脱现实困境、超越有限人生的“逍遥”之路。这条道路，一方面要求鄙弃红尘中的荣华富贵、功名利禄；另一方面则要求齐同生死，不悦生亦不恶死。前者可概括为“放下”，即你只要彻底放下对财富、功名等种种诱惑的贪恋，那就可以远离灾祸。后者可概括为“解脱”，你不认为获得富贵是可喜可贺之事，相应地，也就不认为过艰苦朴素的日子是多么不堪；你不认为活着有多美多妙，那你也就不用再惧怕死亡。

① 方勇译注：《庄子·外篇·胠箧》，第150页。

庄子认为，人和自然界的其他事物一样，都有一个从生到死的过程。既然这个过程不可更改，那对待生死的最好态度就是“安之若命”，顺应生命，享受生命。庄子说：“夫大块载我以形，劳我以生，佚我以老，息我以死。”[①] 意思是：大自然以一副沉重的肉身承载我，我活着就要辛勤劳作，老了就要安享晚年，死的时候就应休息了。按照庄子这种达观的人生态度，既然“生不足喜，死不足忧”，生死齐同，那还有什么人世的烦恼是放不下的呢？在庄子眼中，死生既已齐同，红尘之中的荣华富贵又算得了什么呢？哪里值得牺牲生命中最宝贵的自由去换取呢？

庄周梦蝶



从表面上看，庄子好像是一个厌世主义者，然而透过他对现实世界毫无保留的批判，我们分明能看到庄子所神往的那个诗意的精神世

① 方勇译注：《庄子·内篇·大宗师》，第100页。

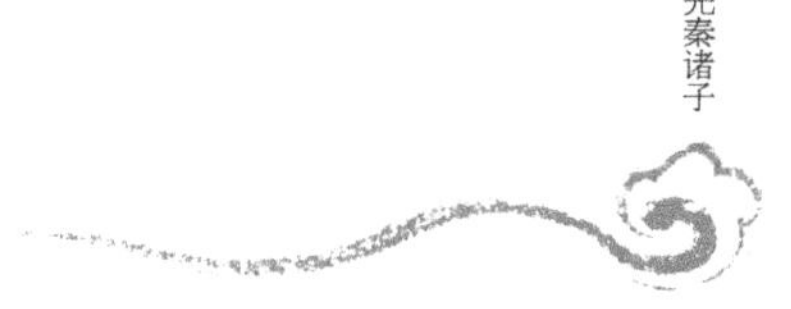

界——那里充满着自由和诗意，是一场生机盎然的“逍遥游”。换言之，庄子以一种诗意的审美的眼光审视他身处的那个无比混乱的时代，他批判现实的目的是为了超越现实、构建自己的“逍遥”世界。庄子认为，现实的社会越混乱不堪，我们越需要在心中构建一方“精神净土”，唯其如此才能不枉此生，不负初心。

在庄子那里，归隐是一种疏离，是一种抗议，是一种坚守；同时也是一种独有的生活情趣，是一种诗意的精神享受，是一种智者的生活姿态。为此，庄子的人生极大地开阔了中国的隐逸文化，此后的历代隐逸之士，在精神上无不受庄子的影响。

庄子主张“齐物”，认为天人之间、物我之间、生死之间，存在着无条件的“齐”。这个“齐”指的是万事万物都是大道的部分体现，都要遵循“大道”。既然如此，那就要“齐物我”“齐是非”“齐生死”“齐贵贱”，通过在精神层面上消除俗世生活的种种差别，达到“天地与我并生，而万物与我为一”①的“无待”境界。基于这样的宇宙观和价值观，庄子的人生状态也显得异常达观。妻子去世了，别人都去吊丧，想着向庄子嘱托几句“节哀顺变”之类的话，可是，庄子根本不需要，他正在“鼓盆而歌”。惠子不理解，说：你与妻子共同生活，她为你生儿育女，与你相伴到老。现在她去世了，

① 方勇译注：《庄子·内篇·齐物论》，第31页。

你不哭也就罢了，怎么还能敲着瓦盆唱歌呢？这也太过分了。

庄子反驳说：不是这样的。她刚死的时候，我怎么能不悲伤呢？可是，“察其始而本无生，非徒无生也而本无形，非徒无形也而本无气”[①]。推究起来，她未生之前本来就是没有生命的；不但没有生命，而且还没有形体；不但没有形体，而且连构成生命的元气都没有。后来，恍恍惚惚之中，有了元气，“气变而有形，形变而有生，今又变而之死”[②]，这种变化就像春夏秋冬的季节变化一样正常。“人且偃然寝于巨室，而我嗷嗷然随而哭之，自以为不通乎命”[③]，现在她死了，相当于安然地仰卧于天地之间了，而我却还在呜呜地痛哭，这实在是不通达生命变化的做法。这么一想，我就停止痛哭了。

妻子死的时候，庄子“鼓盆而歌”；自己要死的时候，他也同样达观。庄子要死的时候，弟子们要厚葬他。他坚决反对，说：“吾以天地为棺椁，以日月为连璧，星辰为珠玑，万物为赍送。吾葬具岂不备邪？何以加此！”[④]意思是：我把天地当作棺材，把日月当作双璧，把星辰当作珍珠，把万物当作随葬品。我的随葬品难道还不齐备吗？还有什么比这些更好的呢！



① 方勇译注：《庄子·外篇·至乐》，第285页。

② 方勇译注：《庄子·外篇·至乐》，第285页。

③ 方勇译注：《庄子·外篇·至乐》，第285页。

④ 方勇译注：《庄子·杂篇·列御寇》，第564页。

弟子们说："吾恐乌鸢之食夫子也。"[1] 意思是：我们害怕乌鸦和老鼠会吃掉先生的遗体。

庄子说："在上为乌鸢食，在下为蝼蚁食，夺彼与此，何其偏也！"[2]把遗体放在地面之上要被乌鸦和老鼠吃，把遗体深埋地下要被蝼蚁吃掉，夺乌鸦、老鼠的食物给蝼蚁吃，你们为什么这么偏心呢！

庄子的文章想象奇诡，汪洋恣肆，诗意盎然，这是他诗意的精神世界之折射。不唯文章如此，他的人生也极富诗意，即便是面对妻子去世和自己将死这两件"丧事"时，他也用无比达观的态度、别具一格的方法，处理得极富诗意。

（三）庄子的历史地位

庄子是战国中后期道家学派的代表人物。庄子一方面继承了老子开创的道家思想，认为"道"是宇宙的最高原理；另一方面他发展了老子的思想，认为"道"无所不覆，无所不载，自生自化，永恒存在。庄子认为，作为世界的本原存在的"道"，不是存在于天地万物之外，而是存在于一切事物之中，而且道本身就是万事万物得以存在的内在原因。

庄子的另一个重要的哲学思想就是他的"齐物论"。"齐物论"是一种齐彼此、齐是非、齐物我的相对主义理论。他改造了老子关于

① 方勇译注：《庄子·杂篇·列御寇》，第564页。

② 方勇译注：《庄子·杂篇·列御寇》，第564页。

对立面互相转化的思想，把事物的运动、变化加以绝对化。庄子认为，从“道”的观点看来，一切事物都是无差别的，人们对事物的认识本来就没有确定不移的是非标准。人们之所以会产生大与小、美与丑、善与恶、是与非等各种对立的观念，原因在于人们一方面“囿于物”，受到了外部条件的限制，另一方面则在于自己有了“成心”，即有了主观上的偏见。

庄子主张顺从天道，而摒弃“人为”，摒弃人性中那些“伪”的杂质。在庄子看来，真正的生活是自然而然的，所以不需要去教导什么、规定什么。只要能去掉伪装，去掉“成心”和“机心”，就可以不被任何思想和物欲所奴役、拖累，从而实现“乘物以游心”[1]的“逍遥”境界。庄子的齐物论是一种让人耳目一新的思想，但也有混淆是非之嫌，容易让人陷入到相对主义和神秘的不可知论之中。

庄子的文章在先秦诸子中风格独具。别的思想家都是以说理、论证的方式来阐述自己的思想。庄子另辟蹊径，他大量虚构寓言故事，以寓言来传达思想，形象生动。此外，庄子的文风汪洋恣肆，想象奇诡，深刻睿智，极具浪漫主义风格，具有极高的文学成就。



---

① 方勇译注：《庄子·内篇·人间世》，第61页。

第三章

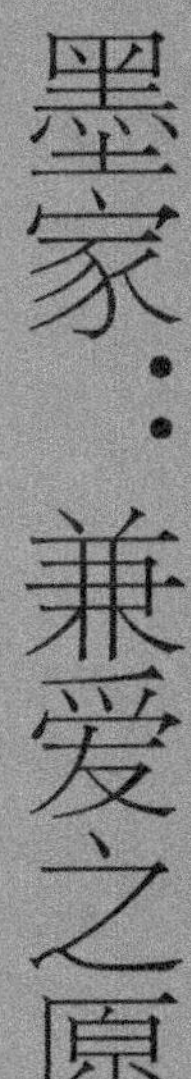

# 墨家：兼爱之愿

墨家在先秦时期影响很大，与儒家并称“显学”。墨家的创始人是墨子。墨子除了是一位思想家外，还在中国科技史上占有重要的地位。墨子是世界上第一个做小孔成像实验的人，仅此一点就足以使他在光学史上占据一席之地。此外，墨子还在古代的几何学、物理学方面颇有造诣。墨子创立的墨家学说，以“兼爱”为核心，以“节用”“尚贤”为支点，系统地提出了“非攻”“尚同”“天志”“明鬼”“非命”“非乐”“节葬”“节用”等一系列主张。墨家反对儒家所强调的社会等级观念，提出“兼相爱，交相利”[1]的观念，认为人应该无差别地爱一切人，应该平等地分享利益。以此为出发点，墨家坚决反对当时的兼并战争，提出“非攻”的主张。在治国方面，墨子提出了“尚贤”（尊重和重用贤者）、“尚同”（大家团结一致）、“节用”（节省开支，反对奢华）、“节葬”（丧事从俭）等主张。

墨子像

① 方勇译注：《墨子·兼爱中》，中华书局2011年版，第126页。

墨家一方面否定“天命”，认为祸福全是个人言行所导致的结果；另一方面又承认鬼神的存在，认为鬼神能赏善惩恶。墨子出身社会最底层，所以墨家思想也带有底层民众的实用主义倾向和民粹色彩。墨家主张“非乐”，认为治国的最根本目的就在于满足底层民众最基本的生存需求，除此之外，别的事情全无价值。因此，音乐、文学、艺术之类的文化活动，一律应该禁止。这显然是不符合社会发展的基本规律的。

在战国时期，墨家是一个有领袖、有学说、有组织的思想学派，墨家信徒有着强烈的社会责任感和献身精神。他们吃苦耐劳，严于律己，把维护公理与道义看成是义不容辞的责任；他们一度组成“民间维和部队”，致力于维和行动。但是到了秦汉之时，随着大一统的帝国制度的确立与巩固，中央政府对拥有民间武装的墨家组织采取了打击、取缔的做法；加之墨家的一些主张违反基本的人性，所以墨家在西汉之后逐渐式微，乃至消失。



## 一、墨子生平

战乱年代，民命如蝼蚁，人民成了战争最直接的受害者。鉴于此，战国时期的很多思想家都纷纷起来呼吁和平、反对战争。“诸子百家”中，儒家、道家、墨家三家均为坚定的反战派。反战派中，又

以墨子和墨家门徒的态度最为决绝，他们不但在思想上反战，而且还组织了“民间维和部队”，帮助受攻击的一方进行防御作战。彻底反战，成为墨子本人和墨家门徒受人尊重的一个重要原因。墨子一方面是墨家思想的创始人；另一方面还是民间“维和部队”的精神领袖，其人其学均有很多可圈可点之处。

关于墨子的生卒年，胡适先生在《中国哲学史大纲》中考证，“墨子大概生在周敬王二十年与三十年之间”（即公元前500年至公元前490年），“死在周威烈王元年与十年之间”（即公元前425年至公元前416年）。墨子本人原来是学习儒家思想的。学儒之后，他感觉儒家提倡的“礼”太繁琐了，儒家的厚葬做法也太浪费钱财，儒家在服装、饮食等生活方面比较讲究，这些都会对普通民众的生活造成伤害。因此，墨子就抛弃了儒家推崇的周代文化，转而推崇比周朝更早的夏朝文化，“背周道而用夏政”①。

墨子的思想之所以比儒家更激进，可能与墨子的底层出身有关。墨子出身社会底层，是“役夫”。有人还说他受过黥刑，脸上被刺了字，所以才称为“墨子”。墨子面色黧黑，穿粗糙的衣服，吃简陋

① 陈广忠译注：《淮南子·要略》，中华书局2012年版，第1267页。

的饭菜，“以自苦为极”[1]，常年为道义奔走，日夜不休，“摩顶放踵”，搞得自己年纪轻轻就秃了头顶，就连腿上的汗毛都被磨掉了。

墨子是一个极其热心救世的人，他看到当时的诸侯国之间不断发动兼并战争，民众饱受战乱之苦，就极力反战，提出了“非攻”（不要战争）的主张。墨子不仅在思想上主张“非攻”，而且还在行动上不打折扣地加以执行。为了有效地推进“维和行动”，墨子组织门徒，成立了“民间维和部队”，专门帮助受侵略国守城。墨子组建的这支“民间维和部队”叫“巨子集团”。这个集团的最高领袖叫“巨子”，巨子既是精神导师，又是这支维和部队的总司令，对手下的弟子有生杀予夺之权。“巨子”的学生叫“墨者”，都忠心耿耿，训练有素，尤其善于防御作战。有了这样一支“维和部队”，哪里发动了战争，“巨子”一声令下，大家就奔赴前线去帮助受进攻国守城。

墨子的“民间维和行动”在当时确实取得过不错的效果。有一次，楚国要攻打宋国，战前请公输班建造了一种攻城用的云梯。墨子听说此事后，赶紧从鲁国出发，前去阻止楚国发动战争。墨子昼夜兼程，走了十天十夜才到达了楚国的都城，见到了公输盘。

公输盘问：先生您大老远地从鲁国来到楚国，对鄙人有何见教？

① 方勇译注：《庄子·杂篇·天下》，第572页。

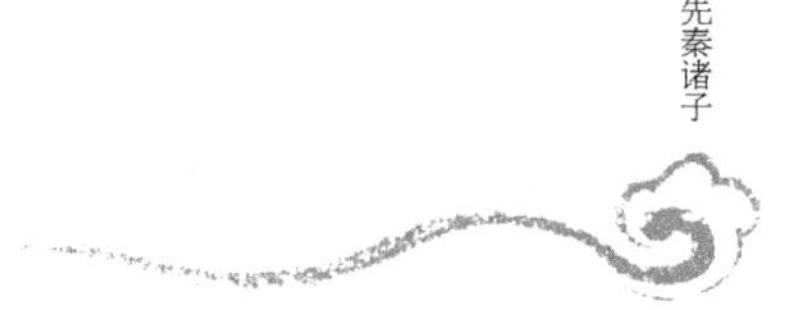

墨子回答："北方有侮臣，愿藉子杀之。"[1] 意思是：北方有一个欺侮我的人，我希望借助您的力量去杀了他。

公输盘很不高兴。道理很简单，我为什么无缘无故地替你杀人呀？

墨子说："请献十金。"[2] 我可以付给你十金的巨额报酬。

公输盘说："吾义固不杀人。"[3] 意思是：我坚守道义，从不杀人。你给钱我也不干，先生您找错人了。公输盘想借此将墨子打发走。

可是，墨子起身拜了两拜，并没有要走的意思，而是接着说：那请听我说一说吧。我在北方听说你在制造云梯，将要用它来攻打宋国。宋国有什么罪呢？意思是：您说不杀人，为什么还帮助楚国攻打无罪的宋国？

墨子接着说："荆国有余于地，而不足于民，杀所不足，而争所有余，不可谓智。宋无罪而攻之，不可谓仁。知而不争，不可谓忠。争而不得，不可谓强。义不杀少而杀众，不可谓知类。"[4]这段话的意思是：楚国土地富余而人口稀少，它若发动战争，那等于是牺牲了



① 方勇译注：《墨子·公输》，中华书局2011年版，第468页。

② 方勇译注：《墨子·公输》，第469页。

③ 方勇译注：《墨子·公输》，第469页。

④ 方勇译注：《墨子·公输》，第469页。

本来就少的人口去争夺本来就富余的土地，这不能算是聪明。宋国没有罪却还要攻打它，这不能算是仁义。知道这道理而不对楚王谏诤，不能算做是对君王的忠诚。诤谏却没有成功，这不能称作尽心。你知道信守道义不杀少数人，却要发动战争，不能说是明白事理。

结果，“公输盘服”，墨子说服了公输盘。

墨子乘胜追击，说：“然胡不已乎？”意思是，既然您认为自己的做法不对，那为何不阻止楚国停止发动战争？

公输盘说：“不可，吾既已言之王矣。”意思是：这事哪是我想停止就能停止得了的呢？我此前已经向楚王说了发动战争这件事，现在再去劝阻，大王若怪罪下来，可不是闹着玩的。

墨子说：“胡不见我于王？”意思是：你自己说服不了楚王，为什么不把我引见给楚王呢？给阿基米德一个支点，他能敲起一个地球；您给我一个机会，看我如何阻止一场战争。

公输盘说：好吧，我负责把您引见给楚王，剩下的就看您自己的了。



墨子如愿见到了楚王。他对楚王说：“今有人于此，舍其文轩，邻有敝舆而欲窃之；舍其锦绣，邻有短褐而欲窃之；舍其粱肉，邻有糠糟而欲窃之。此为何若人？”这段话的大意是：现在有这样一个人，他舍弃自己装饰华美的车，却想去偷邻居家的破车；他舍弃自己

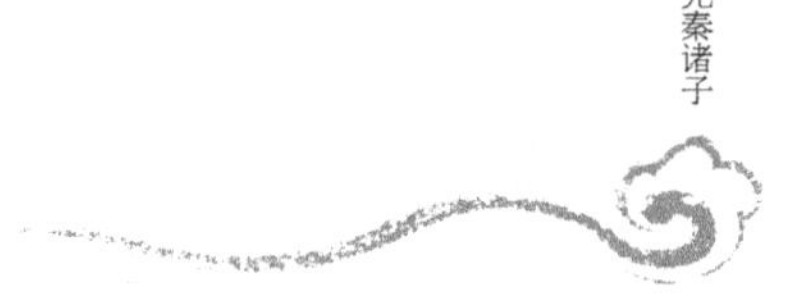

华美的衣服，却想去偷邻居的粗布衣服；他舍弃自己的好饭好菜，却去偷吃邻居的粗劣饭食。您说，这是一个怎样的人呢？”

楚王回答说：“必为有窃疾矣。”意思是：这个人一定是患上了偷盗上瘾的毛病。

墨子说：“荆之地，方五千里，宋之地，方五百里，此犹文轩之与敝舆也。荆有云梦，犀兕麋鹿满之，江汉之鱼鳖鼋鼍为天下富，宋所为无雉兔狐狸者也，此犹粱肉之与糠糟也。荆有长松、文梓、楩柟、豫章，宋无长木，此犹锦绣之与短褐也。臣以三事之攻宋也，为与此同类。”[①] 意思是：楚国的土地足有方圆五千里之大，宋国的土地方圆不过五百里。两者相比，就像装饰华美的车子与破车；楚国有云梦泽，里面有成群的犀牛、麋鹿，长江、汉水里的鱼、鳖、鼋、鳄鱼多得数不胜数，宋国却像人们所说的一样，是一个连野鸡、兔子、小鱼都没有的地方，两者之间就像美食佳肴与糠糟一样差距巨大；楚国有巨松、梓树、黄楩木、楠、樟等名贵木材，宋国却连一根多余的木材都没有，两者相比，这就像一个是华丽的衣服，一个是粗布短衣。因此，我认为大王派官吏进攻宋国，就和这个患上偷盗上瘾症的人是一样的。

① 方勇译注：《墨子·公输》，第470页。

楚王说：“善哉！虽然，公输盘为我为云梯，必取宋。”[1]意思是：您说的真是太好了！可是即便如此，公输盘已经给我建造了攻城用的云梯，我还是要攻取宋国。

既然楚国执意要进攻，那就在沙盘上进行一下军事推演吧。

于是，楚王让公输盘扮演进攻方，墨子扮演守城方。墨子以衣带当城墙，以木片当守城器械。沙盘推演的结果是，公输盘用了很多种方法进攻，都被墨子成功打败。公输盘的攻城器械用尽了，墨子的抵御器械还有许多。

沙盘推演失败，公输盘认输，但是他说：“吾知所以距子矣，吾不言。”[2]意思是，我还知道用怎样的方法来抵御你，可是我不说。

墨子也说：“吾知子之所以距我，吾不言。”[3]意思是：我也知道你要用来抵御我的方法，可是我也不说。

两人还做出一副心照不宣的样子，搞得楚王很好奇。楚王说：“快告诉我，你们两个这是打得什么哑谜？”

墨子揭开了谜底：“公输子之意，不过欲杀臣。杀臣，宋莫能守，可攻也。然臣之弟子禽滑厘等三百人，已持臣守圉之器，



① 方勇译注：《墨子·公输》，第470页。

② 方勇译注：《墨子·公输》，第471页。

③ 方勇译注：《墨子·公输》，第471页。

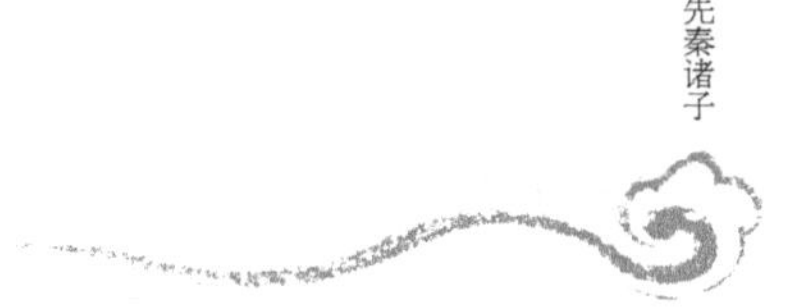

在宋城上而待楚寇矣。虽杀臣，不能绝也。”[①] 意思是：公输先生的办法，不过是要杀掉我。杀了我，宋国没有人能守城，就可以攻取了。可是我的学生禽滑厘等三百多人，已经拿着我的守城器械，在宋国城上等待楚国入侵了。即使杀了我，也不能杀尽宋国的抵御者啊！

楚王一听，彻底服了，说：“善哉！吾请无攻宋矣。”[②] 意思是，好了，我不攻打宋国。

这就是历史上有名的“输攻墨守”的故事。

墨子身体力行地呼吁“兼爱”“非攻”，不仅成功阻止了一场楚国对宋国的战争，而且还感化了曾经的对手公输盘。公输盘对墨子说：“吾未得见之时，我欲得宋。自我得见之后，予我宋而不义，我不为。”[③] 意思是：没见到您之前，我非常想得到宋国。自从我见到您之后，就是有人把宋国送给我，只要这其中有一丝一毫的不义，我都不会要了。

墨子说：“翟之未得见之时也，子欲得宋，自翟得见子之后，予子宋而不义，子弗为，是我予子宋也。子务为义，翟又将予子天

① 方勇译注：《墨子·公输》，第471页。

② 方勇译注：《墨子·公输》，第471页。

③ 方勇译注：《墨子·鲁问》，第467页。

下。”[①]意思是：墨翟我没见到您的时候，您想得到宋国。自从墨翟我见到您之后，以不合道义的方式把整个宋国送给您，您都不要，这样说来，就仿佛我已经把整个宋国都送给了您。如果您再努力践行道义，我还要把整个天下都送给您呢。

墨子的这番话充分展示了他以天下为己任的“救世”情怀。作为儒家的“亚圣”，孟子对墨家思想是持批判态度的，可即便如此，孟子也说：“墨子兼爱，摩顶放踵利天下，为之。”[②]意思是：只要对天下人民有利，即便自己从头到脚都受了伤，墨子也一定会去干这件事。由此可见墨子的救世热情。

还有一次，墨子从鲁国到齐国，顺路拜访老朋友。这个老朋友对墨子说：“今天下莫为义，子独自苦而为义，子不若已。”[③]意思是：现在的社会很浮躁，全天下也没几个人肯做道义之事，您却一个人独自为践行道义而受苦，我劝您还是别这么干了。

墨子说：“今有人于此，有子十人，一人耕而九人处，则耕者不可以不益急矣。何故？则食者众而耕者寡也。今天下莫为义，则子如



① 方勇译注：《墨子·鲁问》，第467页。

② 方勇译注：《孟子·尽心上》，第271页。

③ 方勇译注：《墨子·贵义》，第412页。

劝我者也，何故止我？”①意思是：譬如一个人有十个儿子，九个儿子都好吃懒做，只有一个儿子尽力耕田。吃饭的人那么多，耕田的人那么少，那一个耕田的儿子更该努力耕田才是呀！如今天下的人都不肯行道义，那您正该劝我多行道义才对呀！为什么还反过来劝我停止行道义呢？

墨子本人向故人表白心迹也好，孟子对他的评价也罢，都说明了一点：墨子绝对是一个一心救世、言行一致的人，他确实用自己的实际行动诠释了“苦了我一个，幸福全天下”的无私奉献精神。

## 二、墨子的主要思想

孔子在春秋末期一心想复兴周朝的礼乐文化，孔子的人生榜样是周公姬旦。墨子呢？他一心想恢复夏朝的治理模式，他学习先贤的榜样是治理水灾时“三过家门而不入”的大禹。由此，墨家奠定了以“夏政”来批评儒家“周道”的理论底色。孔子在政治上劝统治者行“仁政”，要轻徭薄赋，不过度压迫人民；在文化上则倡导礼乐文化，让统治者和普通百姓一块学习做君子，一块享受先进文化的熏陶。两者合起来看，我们就会发现，孔子和他所创建的儒家思想，其

① 方勇译注：《墨子·贵义》，第412页。

实是在尽力弥合上下层之间的巨大落差，是在做缓和阶级矛盾、维护社会稳定的工作。可以说，孔子的“救世”立场是温和的，既照顾到底层民众的利益，也考虑到统治阶级的心理承受能力和利益底线。易中天先生将孔子的这一特点概括为“作为民间思想家为统治阶级独立地思考问题”①。

可是，墨子不一样。墨子本人是底层出身，他的立场是底层的，思想主张也完全是“急底层之所急，想底层之所想”，用现在的话说就是完全替“草根”阶层说话，堪称战国时代第一“草根”阶层代言人。

那么，墨子都为“草根”阶层代言了什么呢？内容还真不少，有著名的十大主张，即兼爱、非攻、尚贤、尚同、尊天、事鬼、非乐、非命、节用、节葬。在墨子看来，当时的社会“强执弱，众劫寡，富侮贫，贵傲贱，诈欺愚”②，完全就是不公不义。有些人毫无贡献，却生活得花天酒地，而绝大多数人辛辛苦苦、劳碌一生，还仍然缺衣少食。之所以出现这种情况，墨子认为是由于人们思想上的“自私自利”造成的。为了对治人们的自私自利，墨子提出“兼爱”——大家都“爱人如己”，都爱别人的老爸像爱自己的老爸一样，那自然就不



① 易中天：《我山之石》，广西师范大学出版社2009年版，第33页。

② 方勇译注：《墨子·兼爱中》，第126页。

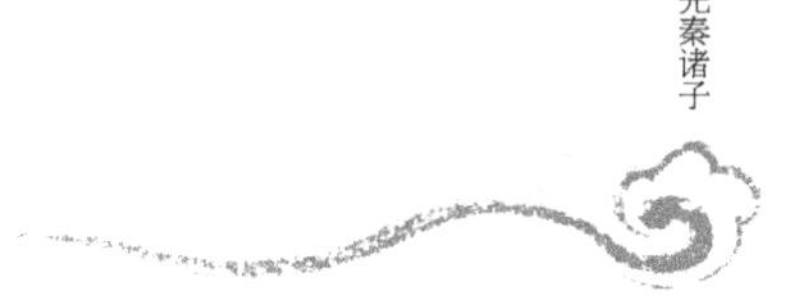

会“强执弱，众劫寡”了。人人都“兼爱”，国家之间当然也不会再发生战争了。

人们的“三观”之外，墨子觉得当时的社会管理模式和分配机制也大有问题。什么问题呢？就是严重的不公平。人分三六九等。同样是人，却硬生生地分为贵族、平民、奴隶三个等级。贵族之中，又分为天子、诸侯、大夫、士四种，诸侯之中又分公、侯、伯、子、男五等。出生的等级不同，享受的待遇就有天壤之别，这显然不符合“兼爱”的原则——凭啥有人含着金钥匙出生，注定可享受荣华富贵，而更多的人却生来就是吃苦受穷的命？墨子认为，人与人天生应该平等也必须平等。现在的社会不平等，与儒家所倡导的社会治理结构有关，包括君尊臣卑、父尊子卑、男尊女卑这一套，都属于公然维护“富侮贫，贵傲贱”的不公平制度的理论，所以必须予以彻底推翻。

怎么推翻呢？“尚贤。”也就是说，让谁当天子，让谁当官，不能看出身，要看是否有真才实学。要选出贤者当领导，建立“能者上，庸者下”[①]的选人用人机制。

选出贤者、能者之后呢？那就得“尚同”了。所谓“尚同”就是大家都得统一思想，坚定不移地跟着各级领导走（按墨子的构想，各

① （唐）柳宗元撰，吴文治等校点：《柳宗元集·梓人传》，中华书局1979年版，第479页。

级领导都是贤人）。如果说墨子的“尚贤”非常具有进步意义的话，那么演化到“尚同”的阶段，就已经潜藏着不少专制的基因了。墨子说：“上之所是必皆是之，所非必皆非之。”[①]上级说对，下级也必须跟着说对；上级说错，下级也必须跟着说错，每一级都必须跟自己的上级保持高度一致。如果有人与上级的想法不一致，并提出不同意见呢？墨子给出的办法就是“上得则诛罚之”，上级就可以动用权力惩罚乃至杀掉下级。这太可怕了。墨子的思想以陈义极高的“兼爱”立论，可他的“顶层设计”推演到“尚同”的阶段，就已变成了赤裸裸的专制独裁了。下级敢对上级“说不”，上级就可对下级“诛罚”，这到底算是“兼爱”呢？还是算做“恐怖”？

墨子本人可能也觉得用“尚同”之说有漏洞。下级始终与上级保持高度一致，那到了最后，大家都“尚同乎天子”，都跟天子保持高度一致了。一旦天子的脑袋想错了，岂不大家都跟着一块倒霉？天子犯浑的事，墨子之前的历史上就发生过，夏桀、商纣王、周幽王这些人就是现成的例子。墨子对此当然是知道的。



墨子很清楚，把判断是非对错的标准交给天子是绝对不靠谱的，所以必须在世俗的最高权力之上再设置绝对的正义，以此来预防天子

① 方勇译注：《墨子·尚同上》，第86页。

为所欲为。为此，墨子又提出了“敬天”“事鬼”两条主张。这等于告诉天子，你也要“敬天”，也要“事鬼”。而且，天子必须“敬天”“事鬼”，才能成为贤者，才有资格做天子。因天有意志，天子要和天的意志保持一致才可以。

在春秋战国时期，中国文化转型的一大核心命题就是“和天人”，即从夏、商、周三代的强调祭祀阶段逐渐过渡到重视人事阶段。孔子最有代表性，他对鬼神问题的看法是“敬鬼神而远之”，对“鬼神”之有无，采取搁置不议的态度。弟子问及鬼神之事，孔子就说：“未知生，焉知死？”①“未能事人，焉能事鬼？”② 其用意显然是将思想重心拉到“人事”上，正所谓“尽人事，听天命”是也。应该说，孔子的思路代表了当时先进文化的发展方向。可惜，曾经学习过儒家思想的墨子没能体悟到孔子的良苦用心，亦未能感知到转型时代“天人转化”的整体趋势，却在战国初期再倡“敬天”“事鬼”，这显然是违反文化发展大势的，是一种“反向运动”。

为了让天子成为天下最贤明的人，墨子又不得不启用情报系统和特务统治。为什么呢？“尚贤”和“尚同”均要求天子必须是全天下



① 杨伯峻译注：《论语译注·先进篇第十一》，第113页。

② 杨伯峻译注：《论语译注·先进篇第十一》，第113页。

最贤明的人，即他的道德水准最高，智力水平也最高。天子必须神通广大，明察秋毫。没这样的本事就没资格做天子，可这样的本事来自何处呢？凭什么你能明察秋毫、洞悉一切？墨子倒还实在，他知道光靠鬼神是不够的，还必须“使人之耳目助己视听”①，即天子要构建自己的耳目系统，也就是后世的情报部门和特务系统。这些天子的“耳目”帮助天子监视百姓，并负责把相关资讯告知天子。如此一来，号称兼爱天下、贤明无比的天子，反倒要靠密布天下的特务来监视百姓，这样的统治岂不荒诞？易中天先生在《我山之石》一书中评价墨子说：“墨子的理想过于美好。过于美好，就难以实现。难以实现，又要实现，就只能硬来。要硬来，就得集权。这就走向了集权统治。为了保证集权，就必须装神弄鬼，也必须安排耳目，这就又整出了神权统治和特务统治。”②这种批评很到位。

此外，墨子的“非乐”“节用”“节丧”等主张，本意是抨击统治阶层的奢侈腐化，意在提倡一种清廉俭朴的生活。这是有进步意义的，甚至暗合当今的节约、环保理念。可是，社会总是向前发展的，物质和精神财富是不断增加的。在这种大趋势之下，墨子却想限制甚



① 方勇译注：《墨子·尚同中》，第103页。

② 易中天：《我山之石》，第88页。

至取缔人们的物质享受和精神享受，仅让人们维持最基本的生存需求，这显然是违反历史潮流的。

其实，在战国时期，亦有人看出了墨子思想主张的致命弊端。庄子就说：“（墨子）其生也勤，其死也薄，其道大觳；使人忧，使人悲，其行难为也。恐其不可以为圣人之道，反天下之心，天下不堪。墨子虽独能任，奈天下何！”[①] 意思是说，墨子虽然自己一生辛辛苦苦，做了很多常人做不到的事，但他的思想主张违反基本人性，广大人民群众根本不会接受。荀子也批评墨子“蔽于用而不知文”[②]，即墨子只知道让人们都维持最低限度的活命标准，而不知道人在活命之外还要追求更丰富的物质享受和精神生活。

墨子的“兼爱”主张陈义极高。按说，人人都如此“博爱”，都“爱人如己”，那是可以建成天堂的。可是，墨子推演到最后，其许诺的美好世界却变成了一个人人都必须是苦行僧的“穷人公社”。这样的“穷人公社”，不但统治者不肯接受，就是一般平民也不愿意入伙。墨子非常看重人与人之间的平等，不能实现高水平的平等，他就让人们实现低水平的平等，即大家都只能维持最基本的生存。基本生

① 方勇译注：《庄子·杂篇·天下》，第571页。

② 方勇、李波译注：《荀子·解蔽》，第341页。

存之外的事，音乐、美食、艺术之类，一律禁止。这就太霸道了。你墨子自己愿意受苦，甘心情愿做苦行僧，我们佩服你，可你非得让大家都跟你一样，也必须做苦行僧，那怎么行得通呢？历史学家钱穆先生说："彼墨徒，本天志，倡兼爱，废礼乐，节丧葬，凡所谓贵族阶级之生活，将尽情破弃，而使人类一律以'刑徒役夫'为例，是非人情也。"[①]墨子思想的种种悖论，几乎完全符合英国思想家奥克肖特的名言："实现正义的热情，会使我们忘记慈悲为怀；对公正的热望，使许多人变成了铁石心肠。"

## 三、墨子的历史地位

在哲学层面，墨子提出了一种叫"三表法"的认识论。他说："是故言有三法。"[②]即衡量一句话是否正确，有三种检验的标准。哪三种标准呢？墨子说："有考之者，有原之者，有用之者。恶乎考之？考先圣大王之事。恶乎原之？察众之耳目之请。恶乎用之？发而为政乎国，察万民而视之。此谓三法也。"[③]意思是：衡量一种理论是否正确，有三条标准：第一条是历史标准，看看它与古代圣王的做

① 钱穆：《国学概论·先秦诸子》，第45页。

② 方勇译注：《墨子·非命下》，第302页。

③ 方勇译注：《墨子·非命下》，第303页。

法是否相符；第二条是感性直觉的标准，即看看它是否符合百姓的日常经验；第三条是实践标准，即把这条理论放到实践之中去检验，看看它是否能给国家人民带来切实的利益。墨子提出的“三表法”指出了任何理论、学说都要经过实践检验的问题，这是很先进的认识。对此，哲学家杜威说：“所有概念、学说、系统，不管它们怎样精致，怎样坚实，必须视为假设……它们是工具，和一切工具同样，它们的价值不在于它们本身，而在于它们所能造就的结果中显现出来的功效。……工具既不是真的，也不是假的，因此真假均不是判断的关键。工具往往是有效或无效的，适当的或不适当的，经济的或浪费的。”①马克思对这个问题也有论述，他在《关于费尔巴哈的提纲》中说：“人的思维是否具有客观真理性，这不是一个理论的问题，而是一个实践的问题。人应该在实践中证明自己思维的真理性，即自己思维的现实性和力量，自己思维的此岸性。”②由此我们可以看出，墨子的“三表法”很有点“实践是检验真理的唯一标准”的味道。

墨子出身底层，他的思想也是为草根阶层代言的。他的思想十分接地气，但同时也让他的思想处处以实用为本，不能脱出实用主义的



① ［美］杜威：《哲学的改造》，许崇清译，商务印书馆2009年版，第87页。

② 《马克思恩格斯选集》第1卷，人民出版社1995年版，第5页。

墨子故里滕州墨子纪念馆

窠臼和民粹主义的狭隘立场。对此，胡适先生说：“墨子在哲学史上的重要，只在于他的‘应用主义’。他处处把人生行为上的应用，作为一切是非善恶的标准。兼爱、非攻、节用、非乐、节丧、非命，都不过是几种特别的应用。他又知道天下能真知道‘最大多数的最大幸福’的，不过是少数人，其余的人都只顾眼前的小利，都只‘明小物而不明大物’。所以他主张一种‘贤人政治’，要使人‘上同而不下比’。他又恐怕这还不够，他又是一个很有宗教根性的人，所以主张把‘天的意志’作为‘天下之明法’，要使天下的人都‘上同于天’。因此，哲学家的墨子便变成了墨教的教主了。”[①] 胡适先生的说法可谓点中了墨家的特点与死穴。

在极其特殊的战国时代，墨子的主张受到了底层民众的拥护，在战国之时有很多人加入到墨家的“巨子组织”之中，过着“量腹而食”的清贫生活。他们团结互助，为和平奋斗，很有号召力，所以一度能在历史舞台上“闪亮登场”，并成为“显学”。可是，墨子的思想主张中有诸多致命缺陷，这决定了墨家的“巨子组织”不可能长久地存在下去。尤其是在秦汉之后，国家实现了大一统，社会进入了和平发展的轨道。正常状态下的社会，普通的士人和平民不可能选择去做苦行僧，朝廷也不会给民间武装力量以生存空间。至此，墨家走向没落也就成了一种历史必然。

① 胡适：《中国哲学史大纲·墨子的宗教》，第149页。

第四章

# 法家：集权之术

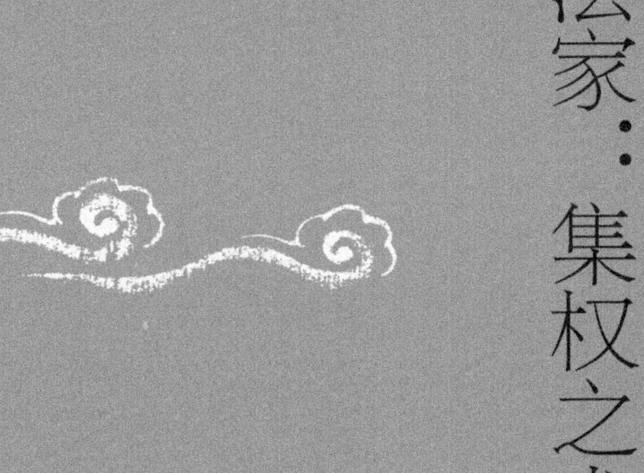

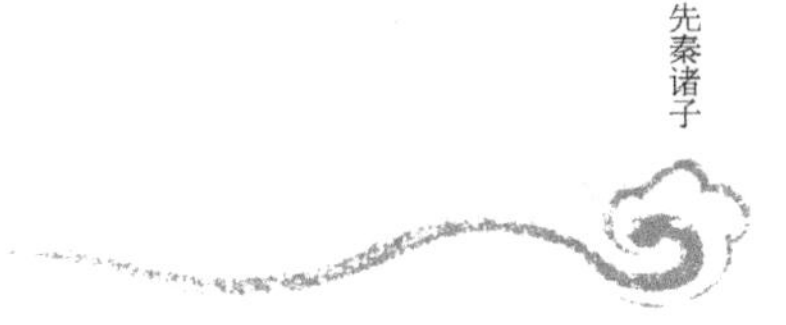

如果望文生义，人们很容易把法家理解为主张司法公正，可实际上法家的学说远比制定法律并公正执行要复杂得多。甚至可以说，法家思想最核心的内容并非法律本身，而是一整套关于如何掌握权力、运用权力的哲学。它是为君王集权服务的一系列统治术，跟今人通常所理解的法治公正有着本质的区别。

春秋战国时期的法家想又被称为“刑名之学”，它的发展同样经历过比较漫长的过程。在春秋早期，辅佐齐桓公完成霸业的管仲就是法家人物。管仲在《管子》一书中也阐述过自己的一些治国理念。此后，子产、李悝、吴起、商鞅、慎到、申不害等人都对法家思想做出过贡献。到战国晚期，韩非对此前的法家学说加以总结，成了集法家之大成的人物。

在春秋战国那个“礼崩乐坏”的时代，不但周天子的政治权威丧失了，而且创建于西周时期的政治结构、礼法体系以及社会管理手段都已落后于形势发展了。新的形势带来新的问题，在新的形势下该如何管理国家？这是各诸侯国国君都非常关注的问题。儒家采取调和主义的态度，建议各诸侯国国君实行仁政，加强对百姓的道德教化，同时轻徭薄赋，以便让百姓过上安定、和平的生活。可是，各国国君不爱听儒家的这一套施政方案，他们首先面对的社会问题就是如何实现富国强兵，即一方面要避免本国被别国吞并，另一方面也想着进攻他国，以扩张本国的实力。这个时候，法家登场了。法家站在君王的角度考虑问题，他们替君王出谋划策，告诉他们怎样把权力掌握在自己的手里，还告诉他们怎样统治更广大的土地和人民。先不说别的，单是法家这种思考问题的出发点就非常讨统治者的欢心。

此外，法家还鼓吹，并非只有圣人才能把国家治理得井井有条，只要实行法家提出的一套政治主张，一个普通人也可以把权力集中在手上，并通过运用权力而实现富国强兵的目的。既然没有那么高的道德要求和智力要求，实行起来还比较简单，那何乐而不为呢？所以春秋战国时期的诸侯国大都对法家非常青睐，经常任用法家人物主持变法。战国时期，法家人物李悝、吴起、商鞅等相继在魏国、楚国、秦国实行过变法，这些变法的具体措施各有差异，但总的主题都是废除贵族世袭的特权，奖励军功。这就从根本上动摇了靠血缘纽带维系的贵族政体，使平民阶层也能凭借军功实现升官发财的梦想。法家通过推行一系列变革措施，强化了君主对权力的控制，中央政权对各地人力、财力、物力的整合能力和管控水平也由此大大提升了。应该说，变法之后的各诸侯国确实在相当大的程度上收到了富国强兵的效果。



法家以“富国强兵”为核心理念，提出了一整套治理国家的理论和方法。这些理论和方法，我们不妨称之为“君王集权的统治术”。对于法家的治国之术，学术界一向有“两面三刀”的概括：所谓的“两面”，就是“重赏”与“重罚”；所谓的“三刀”，指的是

“势、术、法”。“势”，就是权力和威势，这是最重要的，一个人如果是国君，那他最有权势，统治起来也就具有了其他人无法具备的优势；“术”，指的是政治权术，如如何把权力集中到自己手中、如何驾驭臣下等；“法”，指的是各项法律和规章制度。韩非认为，统治一个国家，势、术、法三者缺一不可，即“势立威、术驭臣、法制民”[①]。可以说，法家思想既是春秋战国这一转型时代催生出来的一剂猛药，同时又因为它被大规模地运用到治国之中，则又加快了社会转型的速度以及帝国统一的进程。

## 一、商鞅

### （一）商鞅生平

商鞅原本是卫国人（亦称卫鞅，后被封于商地，称为商鞅)。为了寻找更好的发展机会，商鞅到了魏国，在魏国国相公叔痤的手下做“中庶子”。公叔痤在临命终之前，叮嘱魏惠王要么重用商鞅，要么就把他杀了，绝不能让商鞅离开魏国。可是，魏惠王根本没听公叔痤的建议。

在魏国得不到重用，商鞅就离开魏国到了秦国。在秦国，商鞅通过贿赂秦孝公的宠臣景监才得到了秦孝公的召见。第一次见面，商鞅

① 易中天：《我山之石》，第150页。

用“帝道”游说秦孝公。所谓“帝道”就是三皇五帝时期的治国之道，三皇五帝都是圣贤，可是秦孝公听着很没劲，直打瞌睡。第二次见面，商鞅给秦襄公说“王道”。王道是指夏禹、商汤、周文王等人治国的成功之道，这些人治国用的全都仁义之道。这次秦孝公虽然没有打瞌睡，却依然不能接受这样的治国主张。第三次见面，商鞅就用“霸道”游说秦孝公，“霸道”是春秋时期诸侯争霸时使用的治国之道。结果，这次秦孝公听得非常有感觉，“不自知膝之前于席也”①，听得太入神，不知不觉间膝盖就向商鞅的坐席靠近。这次谈话极其成功，之后，两人又连着谈了好几天。秦孝公觉得商鞅是一流的人才，遂委以变法大计。就这样，商鞅启动了历史上著名的“商鞅变法”。

商鞅变法前后有两次。第一次变法共有四项内容：

其一，编制户籍，实行什伍连坐法。商鞅将秦国百姓五家编为一伍，十家为一什，使之互相监督、告发，“发动群众斗群众”。这项措施是为了严密控制百姓，加强国家的管控能力。国家的管控能力增强了，征兵、征税、征徭役才高效。为达到目的，商鞅用严酷的刑罚来为自己的变法“保驾护航”，规定“不告奸者腰斩，告奸者与斩敌

---

①（汉）司马迁：《史记·商君列传》卷六八，第2229页。

首同赏，匿奸者与降敌同罚”[①]。

其二，奖励耕织，抑制商业，鼓励家庭小型化。商鞅变法鼓励秦国百姓努力耕种，生产粮食和布帛多的农户，可以免除其徭役。经商之人及懒惰致贫者，国家就把他及其妻子儿女都罚没为官奴。同时还规定，一个家庭有两个成年男子的，必须分别立户；否则就“倍其赋”，即增加一倍的赋税。

其三，奖励军功，禁止私斗。如果说前两条的主旨是“富国”的话，这一条的用意便是“强兵”。商鞅规定：“有军功者，各以率

商鞅塑像

① （汉）司马迁：《史记·商君列传》卷六八，第2230页。

受上爵；为私斗者，各以轻重被刑大小。”[①] 这里的“率”就是指所立军功的大小标准，立了军功的人，就按军功大小赏赐爵位；你要私斗，就按照你犯法的轻重程度惩罚你。一正一反，差别太大，一比较，秦国人当然愿意把劲儿往战场上使了。当时，秦国的爵位分为二十级，斩获敌人一颗首级，可获赐爵一级，获赏田一顷、宅地九亩，还可获得一个没有爵位的农民（称为“庶子”）为其服役。军功的赏赐如此丰厚，秦国士兵的战斗积极性被大大地调动了起来。秦国的军队后来被成为“虎狼之师”，这与秦国实行的用军功换爵位的制度是密切相关的。

其四，废除宗室贵族的世卿世禄制。这是打击旧贵族的特权，商鞅规定“宗室非有军功论，不得为属籍”[②]，哪怕你是皇室成员，如果没有军功，就把你从皇室成员的名单上删除。被宗室除名之后，原来享有的田宅、臣妾、车马等待遇自然也就没有了。

任何改革，只要动了既得利益集团的奶酪，他们必然群起反对、阻挠。商鞅变法自然也不例外。旧贵族抬出太子来给商鞅出难题，让太子犯法，看你商鞅怎么办？商鞅非常狠，太子也不姑息，不能对太

① （汉）司马迁：《史记·商君列传》卷六八，第2230页。

② （汉）司马迁：《史记·商君列传》卷六八，第2230页。

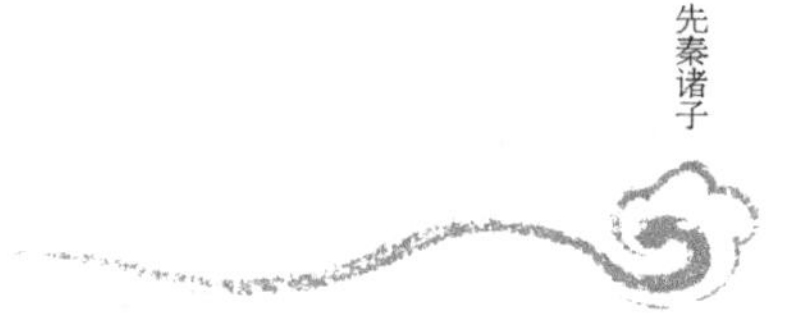

子施刑，我就拿太子的两个老师问罪，“刑其傅公子虔，黥其师公孙贾”[①]，割掉了公子虔的鼻子，在公孙贾的脸上刺了字。商鞅还故意杀人立威，在渭水河畔，商鞅主持行刑，一次就杀掉了700多人，渭河的水面都被鲜血染红了。这700多人，真正破坏新法的只是少数，大部分都是被“连坐法”抓来的罪犯亲属。用这么严酷的手段推行新法，“秦人皆趋令”——反对新法就掉脑袋，大家当然得服从了。

由于动用一切手段为变法开路，商鞅变法的成效也迅速就显现出来了。“行之十年，秦民大说，道不拾遗，山无盗贼，家给人足。民勇于公战，怯于私斗，乡邑大治。”[②]专制体制能集中力量办大事的特点在此得到了充分验证，举国动员，“全民一盘棋”，效率确实高。商鞅变法之后，秦军的战斗力迅速提升，秦军连续在河西地区向魏军发动攻击，多次击败魏军。最后，秦国不但收复了原来被魏国侵占过去的河西之地，而且商鞅还亲自带兵围攻了魏国的都城安邑（今山西省夏县），逼得魏惠王不得不迁都大梁（今河南开封）。攻下安邑之后，秦孝公封给商鞅“於、商十五邑，号为商君”[③]，此时的商鞅春风得意，堪称“一人之下，万人之上”。

① （汉）司马迁：《史记·商君列传》卷六八，第2231页。

② （汉）司马迁：《史记·商君列传》卷六八，第2231页。

③ （汉）司马迁：《史记·商君列传》卷六八，第2233页。

公元前350年，已经富强起来的秦国决定把都城从栎阳（今天陕西富平县）迁到咸阳。借迁都之机，商鞅又进行了第二次变法。这次变法的主要内容有五个方面。

第一，“为田开阡陌封疆”①，允许土地自由买卖。这一条彻底切断了旧贵族的经济命脉，井田废了，奴隶主的旧有土地就不能维持了；土地可以自由买卖了，勤劳的自耕农就可以把破产贵族的土地买到自己名下，有了翻身的机会。

第二，普遍推行郡县制，“集小乡邑聚为县”②，把各种小城市、小乡镇、小村落合并成县。县的长官是县令，由中央政府直接任免，这样就把地方的控制权牢牢地抓在国君的手里。原来一些地方是旧贵族的势力范围，现在一推行郡县制，旧贵族就彻底被排除在国家的行政体系之外了。

第三，推行统一的国家授田制和赋税制度。原来秦国各地的田亩标准不统一，赋税标准也不统一。商鞅将田亩全部收归国有，然后再给每个农夫“授田”一百亩，赋税也根据土地的贫瘠情况统一征收。这项措施一箭三雕：既增加了农民实际拥有耕地的数量，又确保了税



① （汉）司马迁：《史记·商君列传》卷六八，第2232页。

② （汉）司马迁：《史记·商君列传》卷六八，第2232页。

赋的公平公正，还增加了国家的赋税收入。

第四，统一度量衡。这是为了确保国家有统一的税收标准，也使商业税的征收制度化、合理化。

第五，极大压缩百姓的个人空间，实行“愚民”统治。商鞅变法明令“燔诗书而明法令，塞私门之请而遂公家之劳，禁游宦之民而显耕战之士”[①]，就是说，你没事读书诵诗也不行；朋友之间频繁交往也不行；做个背包客，游览一下祖国的名山大川，顺便结识一下各地的同道人，也不行。为啥？在商鞅看来，你饱读诗书就会变聪明，聪明了就会有思想，一有思想就觉得国家的一些做法乃至法律并不完善，于是就对国家政策心怀不满。这显然不利于国家的控制，所以就把诗书都给烧了，老百姓要学习就学我商鞅制定的法律和政策法规吧。把法规政策都滥熟于胸并且照着做，你就是秦国的模范百姓。老百姓还发展什么私人友谊呀，你们之间交情深厚了，还怎么互相监督、告发呀？你们不相互监督、告发，国家管控百姓的效力岂不大打折扣？“游宦”当然更不行了，到处旅游、走动，你们老百姓倒是很爽，可国家一旦征税、征兵什么的到哪找你们去？所以对不起，你们就给我老实在家待着吧。商鞅甚至还禁止成年父子“同室”，成年父

① 高华平、王齐洲、张三夕译注：《韩非子·和氏》，中华书局2010年版，第127页。

子如同处一个屋檐下，不分家另过，慢慢就会形成家族；家族一大，国家管控起来也有难度。再者，父子住在一个屋檐下，也不利于彼此监督、告发。

经过商鞅的两次变法，秦国的社会结构和国家实力都发生了翻天覆地的变化。原本一盘散沙的秦国现在被整合为一个巨大的机器——战争机器。国君对官员和百姓的控制力空前加强，大家都成了国家机器上的一个部件。秦国百姓的自由和个人空间被大大压缩，他们不敢乱说乱动，只干两件事最保险：种田和参军打仗。这就是商鞅想要的结果。商鞅变法的目的就是要集中全国的力量干这两件事。甚至还可以说，秦国百姓努力种田也是为了将来打仗，乃至打大仗。国家的战略储备越多，赢得战争的几率就大；国家能最低成本、最快速地将百姓转化为战士，其战时动员能力就比别人强大；国家对军功的奖励大，战士的作战积极性和战斗力也就提高得快。可以说，商鞅变法将上述因素全都发挥到了那个时代的极致。因此，商鞅变法之后，秦国迅速强大起来，一跃成为战国七雄中最强盛的国家。



商鞅虽然让秦国强大了起来，可他个人的命运却很悲剧。

公元前338年，秦孝公去世，秦惠王继位。这个秦惠王就是当年与商鞅结下梁子的太子驷。当年，商鞅用酷刑惩罚太子的两个老师公子虔和公孙贾，这等于当众羞辱太子。现在，太子当上国君了，商鞅

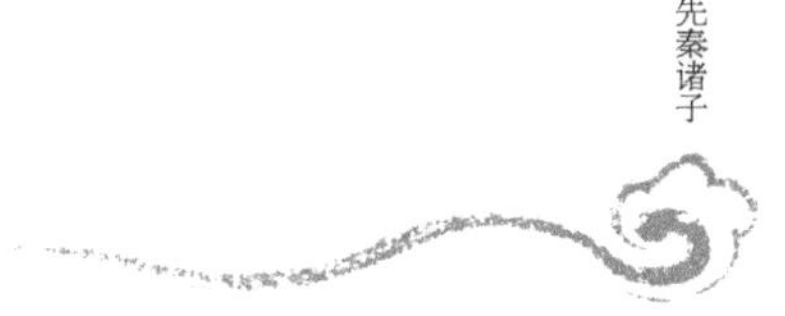

的好日子也就到头了。

公子虔的门徒告发商鞅谋反，秦惠王遂下令逮捕商鞅。商鞅逃亡至边关，欲住旅店，旅店主人不知他是商鞅，但见他未带凭证，就对他说："商君之法，舍人无验者坐之。"[①] 意思是：商鞅制定的法律有规定，如果我敢留宿不带政府部门所开介绍信的客人，我就要被连坐治罪。你没带政府部门开的住宿介绍信，我不能让你住宿。此时，商鞅喟然叹曰："嗟乎，为法之敝一至此哉!"[②] 自己制定的严酷法令最终害了自己，这是典型的作法自毙。

秦国待不下去，商鞅想逃到魏国去。可是，魏国因他曾用欺诈手段生擒过公子卬而拒绝他入境。商鞅被迫回到秦国，潜回自己的封邑商地，发兵叛乱。一叛乱，正好证实了"谋反"的谣言。秦惠王派兵攻打商鞅。商鞅兵败后，"秦惠王车裂商君以徇"[③]，对商鞅施以车裂之刑（俗称"五马分尸"），同时诛灭了商鞅全族。

（二）商鞅的主要思想

商鞅的主要思想，第一条就是要把国家的人力、物力、财力都投入到农业生产和扩军备战之中，因为这样最有利于实现"富国强兵"



① （汉）司马迁：《史记·商君列传》卷六八，第2236页。

② （汉）司马迁：《史记·商君列传》卷六八，第2237页。

③ （汉）司马迁：《史记·商君列传》卷六八，第2237页。

的目的。此外，商鞅主张用严刑峻法来治理国家。他一方面制定严酷的刑法镇压人民；一方面又建立“军功爵”制度，鼓励秦国百姓杀敌立功。凡是生产粮食多的、杀敌有功的、揭发违法犯罪的，都可以得到官爵、田宅；如果违反了法家制定的法律和各种规定，那当然就免不了要“大刑伺候”了。商鞅有浓重的军国主义思想，力主通过发动战争开疆辟土，吞并其他国家。

（三）商鞅的历史地位

商鞅变法，是战国时期最彻底的一次变法。商鞅通过改革秦国的户籍、军功、土地、税收、度量衡等各项制度，全面整合了秦国的社会资源，重塑了社会结构，将大权牢牢地集中到了以秦王为代表的中央手中，这一举措极大地提升了秦国的战时动员能力，使秦国一跃成为战国时期最强大的国家，为以后秦统一六国奠定了基础。但是，商鞅以严刑峻法治理国家，实行愚民政策，甚至鼓励人民相互告密。这些做法极大地压缩了秦国百姓的生存空间和文化活力，为此他也饱受诟病。



## 二、韩非

（一）韩非生平

韩非出生于战国末期，是韩国的贵族，他与后来当上了秦相李斯都是荀子的学生。韩非文章出众，连李斯也自叹不如。

韩非曾多次上书韩王，提出自己的变革主张，希望改变韩国当时积贫积弱的现状。可惜，他的主张没有得到采纳。韩非认为这是“廉直不容于邪枉之臣”[1]，于是退而著书，写出了《孤愤》《五蠹》《内外储》《说林》《说难》等著作。

韩非的著作传到秦国，深受秦王嬴政的喜欢。不久，因秦国攻打韩国，韩王不得不起用韩非，派他出使秦国。到了秦国之后，秦王嬴政特别赏识他，并打算对他委以重任。

韩非像

此时，韩非的同学李斯已经为亲王嬴政提出了灭六国一统天下的发展大计，而韩非则不希望秦国灭掉韩国。韩非与李斯两人政见相左。李斯深知韩非辩才了得，担心嬴政会被韩非说动，于是提前出手，劝说秦王嬴政将韩非抓捕下狱。在狱中，韩非还想上书为自己申辩，但李斯已经不给他机会了，他的上书请求被拒绝，随后又被逼服毒自杀。

① （汉）司马迁：《史记·老子韩非列传》卷六三，第2147页。

（二）韩非的主要思想

韩非是战国时期法家思想的集大成者，他在申不害重“术”和慎到重“势”的基础上，主张治国必须“势”“术”“法”兼用。他认为，国君统治一个国家，势、术、法三者缺一不可，“势立威，术驭臣，法制民”。韩非的思想有相当大的一部分就是教国君如何驾驭臣子的权术。韩非说：“夫圣人之治国，不恃人之为吾善也，而用其不得为非也。恃人之为吾善也，境内不什数；用人不得为非，一国可使齐。为治者用众而舍寡，故不务德而务法。”[①]意思是说：圣人治理国家，不依靠百姓做善事，而要设法让百姓不敢违法犯罪。如果寄希望于百姓行善，一国之内不会出来十个道德楷模；可是要想让人不敢违法犯罪，那一国之内几乎都可以做到。治国的关键是管理好大多数的人，舍弃少数的人，所以不能依靠道德教化，而要依靠严刑峻法。

韩非还告诉君王，驾驭臣下的“术”就是“循名而责实”[②]，国君任命某人担任一定的职务，那么这个官吏就有责任去完成其职务所要求的各项工作。君王的职责就是督促他手下的官吏恪尽职守，至于

① 高华平、王齐洲、张三夕译注：《韩非子·显学》，第735页。

② 高华平、王齐洲、张三夕译注：《韩非子·定法》，第620页。

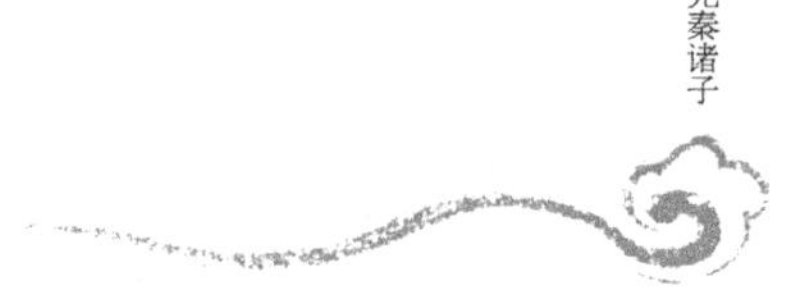

怎样完成工作，那是臣子本身的事，不需要君王指导。君王要做的只是：完成任务有赏，完不成任务受罚。“功当其事，事当其言，则赏；功不当其事，事不当其言，则罚。”[①] 韩非说，用“循名责实”的办法，国君不但能很好地驾驭臣下，而且还能实现官吏的优胜劣汰。韩非还宣称，国君不可完全信任臣下，而要对他们加以提防、监督，在必要时则不惜出手剪除。这样的君臣关系，一改儒家“明君贤臣”的理想范式，变成了一种赤裸裸的互相利用的关系，堪称冷酷无情。

韩非认为，人的本性是“恶劳而乐佚”的，要以法来约束民众，施刑于民，才可以“禁奸于未萌”[②]。因此，他也主张用严刑峻法来治理国家，并提出了重赏、重罚、重农、重战四大治国策略，认为只有实行严刑重罚，人民才会顺从，社会才能安定，封建统治才能巩固。

韩非还猛烈地攻击法家以外的其他学派，特别是儒家学派。他指斥儒家“仁、义、礼、智、信”的道德准则是“愚诬之学”“贫国之教”“亡国之言”。在韩非看来，其他思想学派的理论只能造成人们

① 高华平、王齐洲、张三夕译注：《韩非子・二柄》，第54页。

② 高华平、王齐洲、张三夕译注：《韩非子・心度》，第757页。

的思想混乱。因此，他主张禁止其他思想学说，禁止私学，而定法家于一尊。在这一点上，法家实行的是彻头彻尾的文化专制主义思想，搞的是愚民政治。

（三）韩非的历史影响

韩非及其所代表的法家学说虽然问题很多，但是也有可取之处，其最大的可取之处就在于：韩非善于以一种直面现实、面向未来的方式去思考问题，有与时俱进的特点。在春秋战国时期，面对剧烈转型的大变革时代，面对频繁的战乱和日益崩溃的社会秩序，人们身心焦虑。此时，各派思想家都提出了自己的救世主张。但大多数的思想学派，都习惯于“向后看”，即认为人类的黄金时代在过去，而不在将来。要想改变礼崩乐坏的混乱现实，就是要退回到幻想之中的美好古代。儒家宗师孔子在说服诸侯国国君时，往往爱举周文王、周武王、周公等西周时期圣贤统治者的例子。墨家在与儒家辩论的时候，则“背周道而用夏政”[①]，觉得西周都不够美好了，非要退回到夏朝去。道家也是如此，为了胜过儒家和墨家，道家则动辄抬出伏羲、神农，说那个时候才是最理想的社会。



① 陈广忠译注：《淮南子·要略》，第1267页。

法家与上述思想学派不同，与上述各家“法先王”的主张迥异，法家主张“法后王”。法家认为，既然时代已经发生变化了，那么人们应该做的就是勇敢地面对现实，而不是幻想着回到古代。何况，古代也没有人们想象得那么美好，古代人即便真的比较纯朴，也不能说是古代人比后代人普遍高尚，而更大的原因则是受古代的物质条件所限。韩非说，古代“人民少而财有余，故民不争。……今人有五子不为多，子又有五子，大父未死而有二十五孙。是以人民众而财货寡，事力劳而供养薄，故民争”[①]。意思是：古代人口少而财货有余，所以老百姓不用互相争夺。现在一个人有5个儿子不算多，儿子再有5个儿子，爷爷还没有去世就看到25个孙子了。现在是人民多而财货少，需要劳动的事情非常多，而大自然能供给人们的财富相对变少了，所以民众之间才出现了争夺。法家这种面对现实主义的态度是值得肯定的。

在政治层面，儒家主张回到西周时期的分封制政体，道家主张回到小国寡民的部落时期，墨家主张成立绝对平等的穷人互助组，这些政治构想也都是“向后看”的，跟时代发展的大趋势并不吻合。韩非



① 高华平、王齐洲、张三夕译注：《韩非子·五蠹》，第699页。

所持的法家思想与他们不一样，法家主张建立君主集权的大一统国家，这可说是与时俱进的、适合时代的发展趋势。韩非所代表的法家这种立足现实、面对未来的政治架构一直被中国后代的统治者所采用。中国在历史上长期以大帝国的面目存在，韩非的思想贡献功不可没。

# 第五章

# 其余各家略说

先秦诸子百家中，后世公认最著名的四家就是儒家、道家、墨家和法家。在这四家之外，诸子百家中还有阴阳家、名家、纵横家、兵家等很多思想学派，对于这些学派中的一些代表人物及其主要思想，在这里也略作介绍。

先说阴阳家。阴阳家的代表人物是邹衍，他是战国中期的齐国人，与孟子同时代。他学识渊博，对天文、历史、地理等均有研究，也曾在稷下学宫讲学。

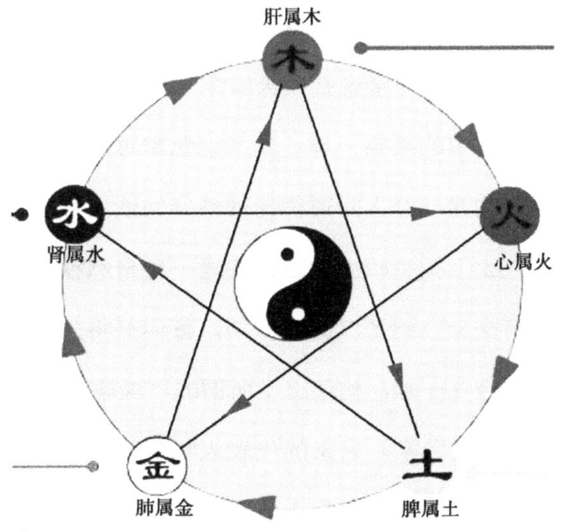

阴阳五行相生相克

阴阳家的学说源自一种朴素的自然宇宙观，即认为万事万物都由阴阳这两个相斥相吸的对立面构成。宇宙由天和地构成，天为阳，地为阴；人类由男人和女人构成，男性为阳，女性为阴。这种阴阳互补的二元论，后来又与“金木水火土”五行相生相克之说相融合，就构成了阴阳五行学说的主要内容。此种学说认为，宇宙的运行有一套自然秩序，那就是阴阳互补，“万物负阴而抱阳”[①]，同时，五行之间相生相克，即：木生火，火生土，土生金，金生水，水生木；金克木，木克土，土克水，水克火，火克金。这套理论与天文气象、王朝兴衰、人事更迭乃至四季轮回等相附会，再将自然系统与人事系统联系在了一起，就形成了一种颇有神秘色彩的“天人合一”的宇宙观。

阴阳五行学说在今天看来虽然有些荒诞，但它在古代却是中国思想体系中的重要一环。如果说儒家思想是以“仁、义、礼、智、信”五常构建一套人间道德伦理秩序的话，那么阴阳五行学说则以“金木水火土”相生相克的理论构建一种自然秩序。两套秩序平行发展，又时有交叉。到了汉武帝时期，董仲舒将先秦儒家的思想与阴阳家的学说整合在一起，构架出了所谓的“汉儒”体系。

再说名家。名家的代表人物是公孙龙、惠施、邓析等。名家注重辩论“名”与“实”之间的关系，是一种逻辑学。他们主要是以逻辑原理来分析事物，而论辩的内容，又多半是与政治实务无关的哲学问题。因此，名家的理论在中国五千年来的学术沿传里，一直被冠上一个“诡辩”的恶名。

公孙龙是战国时期的魏国人（一说是赵国人），他大约与孟子生

① 陈鼓应：《老子注译及评介》，第232页。

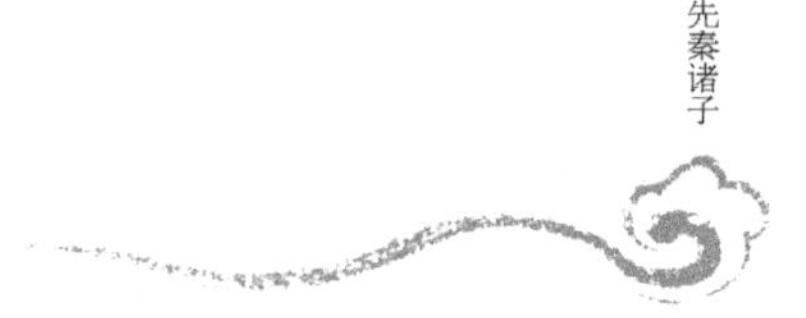

活在同一时期，以善于辩论著称。惠施是宋国人，与庄子是好朋友，曾做过梁惠王的相国，他同样以思敏捷、博学善辩著称。

春秋战国时期，各诸侯国之间频繁地发生战争和会盟，所以如何在外交活动中成功地游说各国君王也成了一时的显学，这就是纵横家。纵横家的创始人是鬼谷子，代表人物则是他的两个学生——苏秦和张仪。战国时期，南与北合为纵，西与东连为横，苏秦力主燕、赵、韩、魏、齐、楚纵向联合，以共同抗击秦国，是为“合纵”；张仪则力破合纵，让秦国与“东方六国”分别建立合作关系，以此来分化六国的合纵，是为“连横”。苏秦和张仪凭借着三寸不烂之舌，在国际舞台上翻云覆雨，也一度左右了当时的各国的政治和军事格局，成为当时著名的谋士。

春秋战国时期，战争越来越频繁。在大量军事实践的基础上，兵家思想随之诞生。顾名思义，兵家主要研究的就是如何用兵打仗的学问，这是中国先秦时期的军事学。兵家的主要代表人物，春秋时期有孙武、司马穰苴；战国有孙膑、吴起、尉缭、魏无忌、白起等。兵家的集大成的著作是孙武的《孙子兵法》。孙武认为，“兵者，国之大事”[①]，所以一定要慎重地对待战争。他提出，要想取得战争的

① 郭化若：《孙子兵法译注·始计》，上海古籍出版社2012年版，第1页。

《孙子兵法》竹简（汉代，山东省博物馆藏）

胜利，一定要全面地分析敌我、众寡、强弱、虚实、攻守、进退等矛盾要素，要做到“知彼知己”，才能“百战不殆”。[①]孙武还提出了“兵无常势，水无常形”[②]的观点，强调指挥作战要灵活运用各种战术。兵家思想在春秋战国时期的崛起，标志着中国古代的军事学已经达到非常高的水平。

相对于儒、道、墨、法四大家侧重于政治治理与意识形态的宏大设想，阴阳家、名家、纵横家、兵家等则更偏重于技术操作层面的研究，所以我们在这里也就不对它们进行过于详细的探讨了。

概括地说，春秋战国时期的诸子百家均生活在“礼崩乐坏”、战火连绵的乱世，他们的思想也产生于乱世，可他们的影响远远超越了

① 参见郭化若：《孙子兵法译注·谋攻》，第31页。

② 郭化若：《孙子兵法译注·虚实》，第64页。

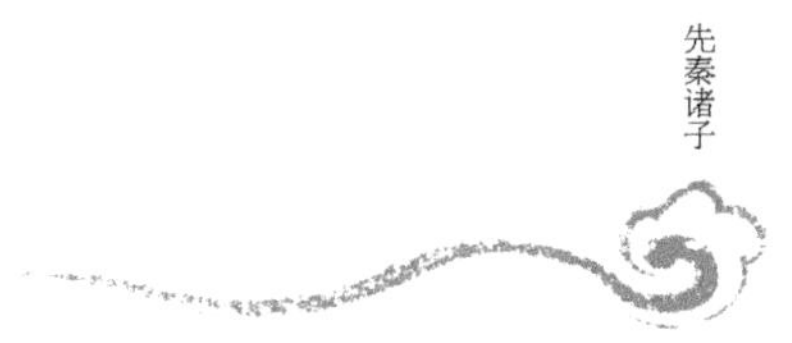

他们的时代。他们的思想标志着中华民族的第一次文化觉醒，即在摆脱祭祀文化之后所能达到的理性高度。可以说，正是经过诸子百家这一思想上的黄金时期，中国文化才彻底从早期的神学（巫术和祭祀）阶段过渡到了哲学阶段。诸子百家是文化上的巨人，他们的“头脑风暴”照亮了一个民族乃至整个人类的思想天空；他们的思想历经千古，仍值得后人仔细咂摸、认真回味；他们的名字，也成了中国文化史上的一座座丰碑。

**图书在版编目（CIP）数据**

先秦诸子/郑连根著.
—济南：山东大学出版社，2019.4（2021.12重印）
（中国文化读本/宁继鸣主编）
ISBN 978-7-5607-6073-5

Ⅰ.① 先…
Ⅱ.① 郑…
Ⅲ.① 先秦哲学-研究
Ⅳ.① B220.5

中国版本图书馆CIP数据核字（2018）第114934号

策划编辑　刘　彤
责任编辑　李孝德
装祯设计　牛　钧

出版发行　山东大学出版社
社　　址　山东省济南市山大南路20号
邮政编码　250100
发行热线　（0531）88363008
经　　销　新华书店
印　　刷　济南巨丰印刷有限公司
规　　格　880毫米×1230毫米　1/24
　　　　　6印张　78千字
版　　次　2019年 4月第1版
印　　次　2021年 12月第3次印刷
定　　价　26.00元